은총의 순간

은총의 순간

2025년 10월 24일 교회인가
2026년 1월 20일 1판 1쇄 발행
2026년 3월 20일 1판 3쇄 발행

지은이 | V. 안토니오 사지 VC
옮긴이 | 류해욱
펴낸이 | 이은아
펴낸곳 | 바오로딸

01166 서울 강북구 오현로7길 34
등록 | 제7-5호 1964년 10월 15일
전화 | 02) 944-0800 팩스 | 987-5275

취급처 | 중앙보급소
전화 | 02) 984-3611 팩스 | 984-3612

값 12,000원

이메일 | edit@pauline.or.kr
인터넷 서점 | www.pauline.or.kr 02) 944-0944
ISBN 978-89-331-1589-3 03230

은총의 순간

V. 안토니오 사지 VC 지음 | 류해욱 옮김

바오로딸

차례

옮긴이의 말

제가 처음 안토니오 사지 신부님의 피정에 참석했을 때는 '요셉 빌 신부의 침묵 치유 피정'이라는 이름이었습니다. 안토니오 신부님의 책이 이미 두 권 출간되었지만, 이 책을 통해 처음 신부님을 만나는 분들을 위해 먼저 요셉 빌 신부님을 잠시 소개하겠습니다.

요셉 빌 신부님은 인도 출신이자 빈첸시오회 소속으로 1958년 사제서품을 받았고, 후에 수도회 총장 소임을 맡기도 했습니다. 그런데 48세 때, 미사 중 심근경색으로 쓰러져 의식을 잃었습니다. 혼수상태였다가 나흘 뒤 의식은 겨우 되찾았으나, 담당 의사는 그가 다시 예전의 상태로 회복될 가망은 거의 없다고 말했습니다.

병상에 누워있던 어느 날, 빌 신부님은 성령 쇄신 봉사회 피정에 가게 되었고, 거기서 한 주교님이 그에게 손을 얹고 치유 기도를 하였습니다. 바로 그때 빌 신부님은 예수님께서 2,000년 전 예루살렘 사람들을 가르치시고 치유하셨을 때처럼 자신에게 손을 얹고 계신다고 느꼈습니다. 그 순간 놀라운 변화, 다시 말해 온전히 치유되는 기적이 일어났습니다. 그리고 의사들이 행한 여러 가지 검사를 통해, 그가 완전히 치유받았다는 것이 확실히 증명되었습니다. 빌 신부님은 당시 이렇게 말했다고 합니다.

"저는 예수님과 교회를 사랑했습니다. 그러나 세속도 사랑했습니다. 돈과 권력을 제 마음대로 사용할 수 있었던 총장의 자리는, 저를 한 걸음 한 걸음 세속의 부를 향해 걸어가게 했고, 예수님에게서 점점 멀어지게 했습니다. 그러나 예수님께서는 제가 잘못되어 가는 것을 보시고, 시간이 흐르면 제 사제직에 어떤 결과가 초래될지를 아셨습니다. 예수님께서는 저를 사랑하셨기에 제 삶을 전환시키기 위해 두 번의 심근경색을 겪게 하시어, 그 거센 물결을 막으셨습니다."

빌 신부님은 이후 믿음에 의한 치유를 공부하기로 결심하고 미국으로 갔습니다. 공부를 계속하던 중, 휠체어에 타고 있던 마비 환자가 그의 기도로 즉시 건강이 회복되어 걸을 수 있게 된 첫 번째 기적이 일어났습니다. 빌 신부님은 예수님께서 자신을 쓰고자 하신다는 것을 알고, 인도 전역을 다니며 사람들에게 가르침과 치유 은사를 나누기 시작했습니다. 이후 전 세계를 다니며 6일간의 침묵 치유 피정과 미사, 대중 설교 활동을 하다가 81세의 나이로 선종하셨습니다.

인도의 빈첸시오회는 빌 신부님의 정신을 이어받은 다른 사제들을 통해, 그의 이름으로 6일간의 침묵 치유 피정을 계속 이어갔습니다. 그 피정은 성령 쇄신 피정이라기보다는, 성령께 마음을 열고 우리의 영혼·정신·육체가 치유를 받도록 도움을 주는 피정입니다. 저는 마침 안식년을 맞아 피정을 하기 위하여 적당한 곳을 알아보던 중, 우연히 이런 피정이 있다는 것을 알게 되었습니다. 지금 생각해 보면 한편으로는 주님의 이끄심이었던 것 같습니다. 그때 '요셉 빌 신부의 침묵 치유 피정'이라는 이름으로 피정을 지도하던 안토니오 사지 신부님을 처음 만났습니다. 그때는 30대 초반의 젊은 신부님이었습니다. 지금도 반짝이던 신부님의 눈빛이 선연히 기억납니다. 그 이후로 신부님에게 피정을 받은 것이 벌써 열 번째입니다.

코로나19 팬데믹으로 5년 만에 다시 피정에 참석했는데, 안토니오 신부님은 중후해졌고 전처럼 그의 눈빛은 생생히 살아있었습니다. 또한 여전히 성령의 인도하심에 따라, 아무런 원고도 없이 말씀을 선포하는 안토니오 신부님의 강의에 저는 다시 한번 매료되었습니다. 비록 보잘것없는 번역이지만 안토니오 신부님의 강론을 전하며, 이 글을 읽으시는 여러분이 예수님 안에서 살고 움직이며 존재하시길 바랍니다.

말씀으로 마음을 채우기

한 가지 질문을 드리고 싶습니다. 여러분, 성경을 사랑하십니까? 그렇다고요? 그렇게 오래된 책을 왜 사랑합니까? 성경을 반복해서 읽는 것이 지루하진 않습니까? 이 질문에 어떤 분은 예전에 이렇게 답했습니다. "신부님, 한 번도 읽어본 적이 없는데 어떻게 지루한 걸 알겠습니까?"

저는 독서를 많이 합니다. 그런데 같은 책을 두 번 이상 읽지는 않습니다. 너무 지루하기 때문입니다. 주님의 특별한 은총으로 저는 이해력과 기억력을 받았습니다. 제가 원래부터 이해력과 기억력이 좋았던 것은 아닙니다. 그래서 미사 때마다 성체를 모신 후에, 주님께 그 능력을 달라고 계속 기도했습니다. 희망을 잃지 않고 끊임없이 청했습니다. 그러자 주님께서 은총을 주셨습니다. 그래서 어떤 책도 두 번 읽을 필요가 없습니다.

그런데 성경을 읽는 것은 전혀 다릅니다. 신학교에서, 후에 사제가 되고 피정을 지도하면서 내내 열심히 성경을 읽었습니다. 그렇지만 성경은 전혀 지루하지 않았습니다. 왜 성경을 읽는 것은 지루하지 않을까요? 성경은 읽으면 읽을수록 주님께서 빛을 비추어 주십니다. 성령께서 아주 활발하게 활동하십니다. 성경 속 각각의 말씀은 성령의 힘으로 가득 차 있습니다. 그래서 하느님의 말씀을 들을 때, 우리는 온 마음을 모아 정신을 집중하고 들어야 합니다. 성경을 읽을 때, 예수님이 직접 말씀하시는 것을 듣는 것처럼 해야 합니다. 예수님께서는 과거·현재·미래가 같은 분, 곧 알파요 오메가인 분, 시작이요 마침이신 분입니다.

그리스도교는 하느님께 대한 믿음에 바탕을 두고 있습니다. 그리고 믿음은 진리에 뿌리를 둡니다. 다른 말로 표현하면, 믿음은 단단한 증거가 있어야 합니다. 무엇이 증거입니까? 바로 성경입니다. 믿음은 거짓 희망을 주지 않습니다. 그럴듯하게 포장한 사이비 종교들은 그릇된 희망을 주기에 신뢰할 수 없습니다. 그렇지만 성경은 결코 거짓된 희망을 주지 않으며, 실망을 안겨주지 않습니다. 성경은 우리 믿음의 확고한 증거이자, 참된 희망을 줍니다. 그래서 성경을 가까이하는 것이 중요합니다.

때로 사람들은 중요하지 않은 것을 중요하게 여기고는 합니다. 우간다에 있을 때의 일입니다. 제가 신자분들 가정에 성경을 한 권씩 사드렸습니다. 그런데 가정

방문을 하면서 보니까, 성경을 대문 앞 의자에 올려놓았습니다. 왜 그런 줄 아십니까? 성경이 잡귀가 집 안으로 들어오는 걸 막아준다고 여겨서 그렇게 했습니다. 또 기도 방을 따로 만들어 두는 가정이 더러 있었습니다. 그런데 기도 방에 여러 성물을 진열해 놓고 한가운데 성경을 펴놓았습니다. 성경을 읽는 것에는 관심이 없습니다. 펼쳐만 놓습니다. "나는 열심한 그리스도인이야!"라고 보여주기 위함입니다. 이처럼 정작 중요하게 여겨야 하는 것에는 관심이 없고, 오히려 중요하지 않은 것에 관심을 둡니다.

성경을 대문 앞에 놓는 것으로는 충분하지 않습니다. 성경을 펼쳐서 눈앞에 놓는 것만으로는 충분하지 않습니다. 성경을 읽어야 합니다. 읽고 묵상해야 합니다. 성경을 그저 멀리 보이게만 두고 가까이하지 않으면 그것은 아무 소용이 없습니다. 성경을 손에 들고 읽으십시오. 그러지 않으면 유혹이 찾아오고, 적이 우리를 위험에 빠뜨리고 해칠 것입니다. 성경이라는 방패와 칼로 유혹에 맞서 싸워야 합니다. 성경은 강력한 무기입니다.

> 사실 하느님의 말씀은 살아있고 힘이 있으며 어떤 쌍날칼보다도 날카롭습니다. 그래서 사람 속을 꿰찔러 혼과 영을 가르고 관절과 골수를 갈라, 마음의 생각과 속셈을 가려냅니다. 히브 4,12

히브리서의 말씀처럼, 하느님 말씀은 생동감 넘치는 힘이 있습니다. 그분의 말씀은 저와 여러분을 치유해 줍니다. 피정을 하면서 여러분이 기쁨을 맛보시는 것처럼, 저도 기쁩니다. 하느님의 말씀을 전하는 사람도, 듣는 사람도 똑같이 치유를 받습니다. 피정하시는 여러분만 치유 체험을 하는 것이 아닙니다. 피정을 동반하는 저도 치유를 받습니다. 피정 지도를 하면서 가장 좋은 것이 무엇이냐고 물으신다면, 저는 분명하게 답할 수 있습니다. 피정의 첫 수확은 바로 저 자신의 회심입니다. 만약 피정 지도를 하지 않았다면, 저는 많은 것을 놓치고 살았을 것입니다. 하느님의 말씀이 저를 사도로, 그분의 제자로 살게 해 주었습니다. 성 빈첸시오는 강론의 첫 열매가 자기 자신이어야 한다고 말했습니다.

한편 피정 지도를 하면서 가장 어려운 일이 뭐냐고 물으신다면, 그 물음에도 저는 대답할 수 있습니다. 그것은 자기가 이미 회개했다고 여기는 사람을 회심하도록 이끄는 일입니다. 정통 그리스도인이라고 자부하는 사람들을 회심시키는 일은 참으로 어렵습니다. 오히려 그리스도인이 아닌 사람들을 회심시키는 일은 그렇게 어렵지 않습니다. 이것은 예수님이 겪으신 일이기도 합니다. 예수님도 율법 학자들과 바리사이들을 회심시키는 건 어려우셨습니다. 그들은 모든 걸 다 알고 있었습니다. 그래서 예수님을 만났지만, 그분께 아무것도 얻지 않고 빈손으로 돌아갔습니다.

여러분, 머리가 아니라 사실은 가슴을 채워야 합니다. 그것이 더 중요합니다. 그런데 사람들이 그것을 잘 의식하지 못합니다. 어떻게 가슴을 채울 수 있겠습니까? 창조주 하느님과 함께 앉아있어야 합니다. 그분만이 우리의 가슴을 채울 수 있습니다. 머리보다 가슴 곧 마음이 더 중요합니다. 마음을 채우기 위해서 묵상이 필요합니다. 침묵 안에서 하느님과 함께 머무르는 시간을 꼭 가져야 합니다. 많은 교부는 "마음의 침묵 중에 하느님께서 말씀하신다"라고 말합니다. 하느님의 말씀을 듣고 그 말씀을 마음에 담지 않으면, 성경은 우리 삶에 아무런 의미를 지니지 못합니다. 성경을 잘 모셔 두는 것보다 읽는 것, 공부하는 것, 묵상하는 것이 더 중요합니다. 성령께서 어떻게 성경을 이해하고 묵상해야 할지 가르쳐 주실 것입니다. 거듭 말씀드립니다. 성경을 읽고 공부하고 묵상하는 것에 더 중점을 두시길 바랍니다.

성경은 하느님께서 당신을 드러내시는 가장 기본적인 방법입니다. 성경을 읽으면 하느님을 만나게 됩니다. 때로 어떤 사람들은 단순히 지식을 얻기 위해 성경을 읽습니다. 그렇지만 지식이나 정보를 얻으려고 성경을 읽더라도, 성경을 깊이 읽게 되면 하느님 말씀을 체험하게 됩니다. 그러면 그 체험이 그를 구원으로 이끌어 줍니다.

예를 하나 들겠습니다. 피정에 오신 분 중에서 몸은 건강하지만, 아무런 사회적 지위도 없이 가난한 처지에 놓인 분이 있었습니다. 피정에서 자캐오 이야기를 들었는데, 그때는 별다른 느낌이 없었습니다. 예수님께서 나무 위에 올라가 있는 자캐오에게 내려오라고 하시는 말씀이 잘 이해되지 않았고, 그리 마음에 와닿지도 않았습니다. 그러다 시간이 지나 그분은 돈을 많이 벌게 되었고, 사회적 지위도 높아졌습니다. 그런 후 다시 피정에 왔을 때, 전에는 그냥 그랬던 자캐오 이야기가 자신의 이야기처럼 느껴지면서 깊이 와닿았습니다. 그분은 제게 와서 이렇게 말했습니다. "신부님, 저는 나무 꼭대기에 있었고, 이제는 내려오고 싶습니다." 이처럼 하느님의 말씀은 각 사람의 삶에 특별한 영향을 미칩니다.

그분의 경우처럼, 우리도 성경 속 인물과 자신을 동일시하면서 성경을 이해하기 마련입니다. 때로 우리는 예수님께 치유받는 나병 환자이기도 하고, 주님께 용서받는 죄 많은 여인이기도 합니다. 성경을 읽을 때, 성령을 통해 생생하게 살아 움직이는 말씀 안에서 주님의 깊은 위안을 받을 수 있습니다. 예수님께서는 언제나 우리의 구원을 깊이 갈망하십니다.

침묵 안에서 하느님의 말씀을 들을 뿐 아니라, 받아들이고 소화해야 합니다.

침묵의 중요성

여러분에게 특히 침묵을 강조해서 말씀드리고 싶습니다. 왜 침묵이 중요합니까? 우리는 성경 말씀이나 강론을 통해 많은 것을 보고 듣습니다. 그런데 아무리 좋은 내용을 듣는다 해도, 시간이 지나면 대부분 잊어버립니다. 그러나 침묵 안에서 예수님과 함께 시간을 보내며 묵상한 것은, 잊히지 않고 마음 안에 남습니다. 말씀에서 무엇이라도 마음에 와닿은 것이 있으면, 그것을 묵상하십시오. 묵상은 말씀의 의미를 새롭게, 그리고 깊이 알아듣게 해줍니다. 이런 이유로 묵상이 중요합니다. 좋은 내용을 들었을 때, 꼭 묵상하는 시간을 가져야 합니다.

이는 구약성경에 나오는 만나를 예로 들어 설명할 수 있습니다. 이스라엘 백성이 종살이하던 이집트에서 탈출하여 광야를 지나다가, 굶주림에 불평하자 주님께서 만나를 풍성히 내려주셨습니다. 이슬과 함께 내렸습니다. 만나는 거두어서 그날 먹어야 했습니다. 해가 뜨거워지면 녹아 없어져 버렸습니다. 내일을 위해 저장이 되지도 않았습니다. 내일의 만나는 하느님께서 다음 날 다시 내려주실 것입니다. 내일 또다시 하느님께 온전히 의탁해야 합니다.

하느님의 말씀은 이스라엘 백성의 하루 양식이었던 만나처럼, 오늘 우리 영혼의 양식입니다. 우리는 그분의 말씀을 듣는 것뿐 아니라, 받아들이고 소화해야 합니다. 그래서 침묵 안에서 묵상하는 시간이 필요합니다. 그렇게 하지 않으면, 말씀의 강렬함이 그만 사라지고 맙니다. 하느님의 말씀이 지금 당장 필요하지는 않을 수도 있습니다. 그러나 내일은 필요할지도 모릅니다. 그래서 묵상을 통해, 오늘 우리 영혼에 말씀의 씨앗을 뿌리고 심어야 합니다.

침묵 속에 하는 성체조배도 아주 중요합니다. 성체조배 안에서 우리는 예수님을 만납니다. 성 요한 마리아 비안네 사제는 감실은 우리 영혼을 위한 풍성한 저장고와도 같다고 했습니다. 성체조배는 예수님 안에 머무는 시간, 곧 사랑하는 벗과 함께 머무는 시간입니다. 그 시간을 통해 주님의 축복이 가득히 내립니다.

참으로 중요한 것은 침묵 중에 하느님의 말씀을 듣는 것입니다. 하느님의 말씀이 마음에 떠오르는 삶의 물음에 답을 찾아줄 것입니다. 물론 의심이 들거나 어려움을 느낄 수 있습니다. 걱정하지 마십시오. 어쩌면 방해하는 걸림돌이 나타나기도 할 것입니다. 그것이 무엇인지 잘 보십시오. 차츰 조금씩 더 분명해질 것입니다. 마음이 평온해지고, 성령께서 활동하심을 볼 수 있을 것입니다. 모든 것에 다 때가 있습니다. 편안하게 하느님 안에, 말씀 안에 머무십시오. 마음을 편안하게 가지는 것이 중요합니다.

우리 삶의 빛

앞에서 성경의 중요성에 대해 살펴보았습니다. 그러면 성경을 어떻게 우리 삶에 유용하게 적용할 수 있겠습니까? 우리는 고유한 문화 속에서 살고 있고, 그 문화는 그리스도교가 전해지기 전부터 이미 형성된 것이기도 합니다. 그렇다면 성경은 특히 문화와 관련해서 어떤 의미를 지니고 있을까요?

성경은 기존의 문화 안에 있는 비그리스도교적인 면을 정화하는 역할을 합니다. 모든 문화 안에는 다소 미신적인 요소가 있습니다. 예를 들어 인도에서는 길을 떠날 때, 검은 고양이가 지나가면 불길한 징조라고 여기며 출발을 주저하기도 합니다. 이런 면은 자신도 모르게 생각과 마음에 스며들어 있습니다. 성경은 문화 안에 녹아 있는 이러한 미신적인 측면을 새롭게 정화해 줍니다. 그러기에 하느님의 말씀이 우리 삶의 곳곳에, 모든 면에 가닿도록 해야 합니다.

성경을 어떻게 읽어야 우리 삶에 보탬이 될 수 있을까요? 하느님의 응답을 믿는 자세로 읽어야 합니다. 청한 답을 이미 얻었다고 여기는, 깊은 신뢰의 마음으로 성경을 대해야 합니다. 모든 사람은 나름의 소망을 지니고 있습니다. 저마다 어떤 것을 이루고자 하는 열망이 마음 안에 있습니다. 성경은 우리가 품은 소망에 빛을 비추어 줍니다. 시편 저자는 "말씀은 제 발에 등불, 저의 길에 빛"이라고 말합니다.(시편 119,105) 성경에 가까이 다가가서 말씀의 빛을 받을 때, 그 빛이 우리를 정화해 주고 우리의 소망을 조명해 줍니다. 성 보나벤투라는 우리의 열망이 하느님 말씀에 의해 이루어진다고 말했습니다.

우리는 때로 '왜 하느님께서는 제게 응답하지 않으시고 침묵을 지키시나요?'라는 물음을 던지기도 합니다. 그렇지만 하느님께서는 침묵하시는 것이 아닙니다. 침묵처럼 느껴지는 그 고요함 속에서조차, 하느님께서는 우리에게 말씀을 건네시는 분입니다. 예수님은 침묵 속에서 대답하십니다. "왜 나에게 물음을 던지는가? 답은 성경 안에 있다. 성경을 읽어라. 그 책을 잘 활용하여라. 거기에 있는 나의 말이 너희를 보호할 것이다."

주님은 성경을 통해 말씀하십니다. 그래서 우리는 성경을 사용하여 하느님과 대화하는 법을 배워야 합니다. 이를 잘 살펴보면 아주 흥미롭습니다. 이 대화법을 익히기 위해서는 어린아이와 같은 사고방식이 필요합니다. 엄마가 아이에게 처음으로 말을 가르쳐 줄 때 어떻게 합니까? 단순히 따라 하게 합니다. 먼저 엄마가 '엄마'라는 말을 하고, 아이가 그 말을 따라 하는 것입니다. 아이는 처음엔 그 말의 의미를 모릅니다. 그냥 '엄마'라는 말을 서툴게 흉내 낼 뿐입니다. 그렇게 계속 반복하다가 차츰 제대로 말하게 되고, 결국 말의 의미도 알아듣습니다.

어린아이가 말을 배우는 방식처럼, 우리도 하느님과 대화하는 법을 배울 수 있습니다. 먼저 하느님의 말씀을 따라 하는 것입니다. 계속하다 보면 하느님과 대화하는 법을 배우게 됩니다. 영적인 성장을 원한다면 성경으로 시작하십시오. 성경은 영적 성장을 위한 가장 기초적이며 기본적인 도구입니다. 어느 교부가 말했습니다. "성경은 영적 성장의 요람과도 같다." 성경을 읽으면 예수님이 걸어가신 길과 영적 삶에 대해 알게 됩니다. 주님께서 우리에게 빛을 비추어 주십니다. 그러면 우리는 그 빛을 받아 삶의 의미를 깨닫습니다. 사실 성경은 읽는 것 자체로 강력한 기도입니다.

성경은 우리에게 하느님을 알려줍니다. 물론 하느님께서 성경이라는 책 안에 갇혀계시는 분은 아닙니다. 성경을 마주한다는 것은 마치 큰 문 앞에 서있는 것과 같습니다. 그 문을 열고 들어가면 생각과 마음의 지평이 넓어집니다. 문안에 머물다가, 문밖으로 나가 다시 세상으로 향해야 합니다. 그렇다고 성경을 큰 문안에 그냥 남겨 두는 것이 아닙니다. 도로 성경으로 되돌아와야 합니다. 이러한 과정을 통해 이해하는 폭이 넓어지며, 진정한 의미를 찾게 되고, 그러면 삶이 아름다워집니다.

예수님과 하느님 아버지와의 관계도 이와 같았습니다. 예수님은 아직 캄캄한 이른 새벽부터 기도 안에서 하느님 아버지와 만나셨고, 아버지에게서 힘을 받아 세상으로 나아가 하느님 나라를 선포하고 가르치셨습니다. 그리고 다시 아버지께 돌아와서 함께 머무셨습니다. 이튿날은 또 다른 곳으로 향하셨습니다.

다른 예를 하나 더 들겠습니다. 대한민국 국적기는

인천국제공항을 기점으로 삼아 운항합니다. 미국, 유럽, 아시아, 아프리카 등 전 세계에 노선을 갖고 있는 큰 항공사라 할지라도, 미국으로 갔다가 거기서 곧장 유럽으로 향하지 않습니다. 인천공항으로 돌아와 기름을 채우고 정비를 한 후, 다른 나라로 운항합니다. 언제나 다시 인천국제공항으로 돌아옵니다. 거기가 기점이기 때문입니다.

그리스도인의 삶의 기점은 성경입니다. 우리는 하나님께 받은 말씀을 나누기 위해 세상 속으로 갑니다. 그러나 늘 성경에서 시작하여 성경으로 도로 되돌아와야 합니다. 거기서 에너지를 받아야 합니다. 만약 어떤 조종사가 인천공항에 오지 않고 계속 자기 마음대로 운항한다면 어떻게 되겠습니까? 연료는 떨어지고 통신은 두절되어 결국 길을 잃을 것입니다. 이와 마찬가지로 우리가 세상 속 사람들에게로 가면서 내 마음대로 하겠다고 생각하면, 길을 잃을 뿐 아니라 자기 자신마저 잃어버리게 됩니다. 기초를 잃어버리면 영적인 비극이 생깁니다. 우리 영혼의 배터리를 재충전해야 할 필요가 있습니다. 주일에 미사를 드리면서 하느님의 말씀을 듣고 성찬례에 참여하는 것이, 영적 삶의 가장 기본적인 토대입니다.

성체성사뿐 아니라 사실 모든 성사는 성경을 바탕으로 하고, 성경 때문에 의미를 지닙니다. 그리스도인 삶의 기본인 성경을 읽으십시오. 믿음으로 성경을 읽으면 하느님께서 우리에게 당신의 말씀을 들려주십니다. 마치 어린아이가 말을 배우듯 성경을 읽으면서, 하느님의 말씀으로 그분과 대화하는 법을 배웁시다.

설탕, 소금!

2008년에 피정 지도 소임을 받은 후 저는 아프리카 우간다에 피정 집을 마련하려고, 한 언덕을 샀습니다. 수도와 전기는 없고, 쥐와 뱀이 있는 곳이었습니다. 맨 처음 피정했을 때는 단 두 사람이 왔습니다. 좀 지나서는 사람들이 언덕에 앉아 나무 밑에서 피정을 했습니다. 그러던 곳에 지금껏 6만 명이 왔습니다.

피정 집이 있는 언덕을 사이에 두고 양쪽으로 두 동네가 있습니다. 한쪽 동네에는 물건을 파는 가게가 없어서, 가게에 가려면 피정 집 언덕을 거쳐 가야 합니다. 어느 날 제가 피정 집 나무 밑에서 쉬고 있는데, 다섯 살 된 남자아이가 뛰어왔습니다. 아이가 제게 와서 인사를 하려나 생각했는데, 그 아이는 저를 본체만체하고 지나쳐 달려가면서 무언가 혼잣말로 계속 중얼거렸습니다. 가만히 들어보니 '설탕, 소금'이라고 반복해서 중얼거리는 거예요.

그런데 조금 후에 아이가 설탕과 소금을 손에 들고 반대편에서 다시 뛰어오는 것을 보았습니다. 그 아이는 설탕과 소금을 집에 갖다 놓고, 그제야 제게 와서 인사했습니다. 엄마가 자신에게 설탕과 소금을 사 오라고 시켰는데, 무엇을 사야 하는지 잊어버릴까 봐 다른 곳에는 전혀 신경을 쓰지 않고, 오직 '설탕, 소금'만 중얼거리면서 달려갔던 것입니다. 이 아이가 성경을 어떻게 대해야 할지 이해하는 데 큰 도움을 주었습니다.

제 마음 다하여 당신을 찾습니다.

당신 계명을 떠나 헤매지 않게 하소서.

당신께 죄짓지 않으려고

마음속에 당신 말씀을 간직합니다. 시편 119,10-11

이 아이가 어떻게 했습니까? 어머니의 말씀을 간직했습니다. 어머니의 심부름을 완수하기 위해 그 말씀을 마음속에 소중히 지닌 것입니다. 누가 아이에게 임무를 맡겼지요? 어머니입니다. 이 아이에게는 어머니가 기점입니다. 설탕과 소금을 사려고 달려갔고, 그것을 사서 기점인 어머니에게 뛰어가 그것을 드렸습니다. 그리스도인들도 성경이라는 기점에서 출발하여 기점으로 돌아와야 합니다. 저는 그 아이를 볼 때마다 그때의 일을 마음에 되새깁니다. 아이는 마음속에 어머니의 말씀을 보물처럼 품고, 임무를 완수했습니다. 저는 그 아이가 무척 자랑스럽습니다.

아프리카 아이들이 모두 그 아이 같지는 않습니다. 요즘 젊은이들은 성경을 가까이하지 않습니다. 그들은 진정으로 보물처럼 여겨야 하는 것이 무엇인지를 모릅니다. "안녕?"이라고 인사를 건네도 별 반응이 없습니다. 아직 어린데 술집에 드나들기도 합니다. 가정이나 사회에서 자기들의 역할이 무엇인지 잘 모릅니다. 그래서 목적도 의미도 없이 살아갑니다. 그들은 삶을 낯설고 고통스럽게 느낍니다. 무척 안타깝습니다. 아프리카뿐만이 아닙니다. 얼마 전 이탈리아 어느 본당에서 미사 집전을 하고, 주임 신부님과 본당 주변 동네를 지나갈 때였습니다. 아주 부자 동네였습니다. 가로수 양쪽으로 집들이 있었는데, 신부님이 이 집 저 집을 가리키며 제게 기도를 청했습니다. 이 집은 아들이, 저 집은 딸이 얼마 전에 자살했다면서 그 가정을 위해 기도해 달라고 하는 겁니다. 그 젊은이들은 삶을 너무나 고통스럽게 여기고 절망했던 것입니다.

여러분에게 이 말씀을 드리고 싶습니다. 부모는 아이의 마음에 씨앗을 심어주어야 합니다. 아이가 오늘 당장 새싹을 틔우지 않아도 실망하지 마십시오. 싹이 돋고 꽃이 피는 데 시간이 걸릴 수 있습니다. 다만 우리가 자녀의 마음에 씨앗을 심고, 선을 행하는 데 지치지 말아야 합니다. 비가 오면 씨앗이 싹을 틔울 겁니다.

어떤 분이 제게 와서 말했습니다. "저는 70년 동안 예수님 없이 살다가 이제야 예수님을 제 마음에 모시게 됐습니다. 어머니가 늘 저를 위해 기도하셨는데, 어머니 살아생전에는 회심하지 못했습니다, 어머니께서 제가 회심한 것을 미처 못 보시고 돌아가신 게 너무 슬픕니다." 그렇지만 어머니의 끊임없는 기도와 선행이 결국 그분을 회심으로 이끌었고, 마침내 주님께 대한 믿음을 지니게 되었습니다. 이처럼 우리가 가족을 위해 실천하는 선행과 기도는 열매를 맺습니다. 지금 당장은 아니더라도, 훗날 반드시 변화를 불러옵니다.

우리의 목적을 기억합시다. 우리는 각자 고유한 임무를 가지고 있습니다. 아이가 '소금, 설탕'이라고 계속 중얼거리면서 자신의 임무를 마음속에 간직하는 것처럼, 저는 '나의 예수님, 나의 사제직'이라고 계속 자신에게 말합니다. 다른 것에 마음을 뺏길 시간이 없습니다. 그 목표를 잃어버리면 제 삶을 망치게 됩니다. 결혼하신 분들은 "나의 예수님, 나의 스테파노(배우자 이름)"를 계속 부르십시오. 그렇게 되뇌면 다른 말이 귀에 들어오지 않습니다. 그러면 누가 여러분을 그 사랑에서 떼어 놓을 수 있겠습니까?

말씀을 간직하기

악은 우리의 텅 빈 곳을 공격합니다. 그렇기 때문에 텅 빈 상태로 있으면 안 됩니다. 고속도로에 구멍이 있으면 그곳에 물이 고입니다. 앞서 말씀드렸던 아프리카 아이를 잊지 마십시오. '설탕, 소금!' 아이는 엄마의 말을 보물처럼 간직했습니다. 우리도 하느님과의 관계에서 이것을 실천하면 모든 유혹에서 자유롭게 되고, 삶이 충만해집니다.

도둑은 다만 훔치고 죽이고 멸망시키려고 올 뿐이다. 그러나 나는 양들이 생명을 얻고 또 얻어 넘치게 하려고 왔다. 요한 10,10

주님께서는 우리가 생명을 얻고, 그 생명을 풍성히 누리게 해주려고 오셨습니다. 예수님은 완전한 사랑으로 우리에게 생명을 주십니다. 우리의 빈자리를 당신의 사랑으로 가득 채우십니다. 그 사랑을 기억해야 합니다.

부부 사이에 아무 문제가 없을 때는 악이 들어서지 못합니다. 그런데 어떤 문제가 발생해서 빈자리가 생기면, 그 자리에 악이 파고듭니다. 유혹이 찾아옵니다. 이성의 유혹, 재물의 유혹 등이 속삭이며 다가옵니다. 악이 어떻게 빈 공간에 파고드는지 잘 보십시오. 수도 삶도 마찬가지입니다. 수도 공동체에서 저를 저버렸다고 여기거나 관계에서 오해가 생기면, 마음이 부서집니다. 텅 빈 공간이 생깁니다. 그러면 그 자리에 악이 공격해 옵니다. 우리는 한 사람의 개인일 뿐 아니라, 사회적 책

임도 지닌 존재입니다. 가족들에게 우리 각자가 지닌 책임의 몫이 있습니다. 그래서 나로 인해 가족에게 빈 공간이 생기고, 그 자리에 악이 침투하도록 두면 안 됩니다. 오히려 서로서로 축복을 나누어야 합니다.

성경은 우리에게 어떻게 축복을 나누어야 할지, 어떻게 기도해야 할지 가르쳐 줍니다. 성경을 외우다시피 반복해서 읽으십시오. 하느님 말씀에 귀를 기울이면 악이 파고들 여지가 없습니다. 반대로 그릇된 이들의 말에 현혹되면 마음이 텅 비게 되고, 그럼 악이 그 자리를 차지하려고 다가옵니다. 유혹을 느낄 때마다 성경을 통해 하느님의 말씀을 듣고 간직해야 합니다. 시편 저자처럼 이 기도를 계속하십시오.

하느님, 깨끗한 마음을 제게 만들어 주시고 굳건한 영을 제 안에 새롭게 하소서. 시편 51,12

이 사실을 잊지 마십시오. 하느님의 말씀은 약효가 있습니다. 말씀은 우리를 치유해 줍니다. 성경 안에 모든 것에 대한 해답이 있습니다. 하느님께서는 "너를 내 손바닥에 새겼다"라고 말씀하십니다.(이사 49,16) 우리는 하느님께 아주 소중한 존재입니다. 그러므로 우리를 사랑하시는 하느님의 말씀에 성모님처럼 "예"라고 응답해야 합니다. 주님께 가서 배우고, 그분을 따르도록 합시다. 주님의 말씀을 따르면 우리의 삶이 풍요롭게 될 것입니다.

말씀의 신비적 의미

주님께서는 영원하시고

당신 말씀은 하늘에 든든히 세워졌습니다. 시편 119,89

풀은 마르고 꽃은 시들지만

우리 하느님의 말씀은 영원히 서 있으리라. 이사 40,8

하늘과 땅은 사라질지라도

내 말은 결코 사라지지 않는다. 마태 24,35

하느님의 말씀은 하늘에 든든히 세워졌고, 영원히 서 있으며, 결코 사라지지 않습니다. 그렇기 때문에 성경은 다른 책들과 다릅니다. 성경은 다음과 같은 두 가지 특징이 있습니다. 첫째는 꿀보다 더 달고, 둘째는 쌍날칼보다 더 날카롭습니다.(시편 19,11; 히브 4,12 참조) 한편 성 바오로는 성경에 대해 다음과 같이 명확하게 정의합니다.

> 성경은 전부 하느님의 영감으로 쓰인 것으로, 가르치고 꾸짖고 바로잡고 의롭게 살도록 교육하는 데에 유익합니다. 2티모 3,16

이것이 성경을 지니고 읽으며 묵상하는 이유입니다. 성경은 모두 하느님의 영감으로 쓰였으며, 우리 삶에 이롭고 도움이 됩니다. 이러한 하느님 말씀에는 세 가지 측면의 의미가 담겨 있습니다. 역사적 의미, 신학적 의미, 신비적 의미입니다.

첫째, 역사적 의미입니다. 이는 성경을 통해 역사적 사실을 얻는다는 뜻입니다. 예를 들어 다윗이 기름부음을 받은 이스라엘의 두 번째 왕이라는 점, 죄를 지었지만 회심하고 하느님과의 관계를 다시 회복했다는 점 등은 역사적인 사실입니다. 또한 다윗이 성전 건립을 계획했지만 실제 건립은 아들인 솔로몬 대에 가서 이루어졌다는 것도 이에 해당합니다. 그런데 성경과 교회의 가르침은 단순히 역사를 알려주기 위한 것은 아님을 기억해야 합니다. 가장 중요한 목표는 우리의 구원이지요.

둘째, 신학적 의미입니다. 이는 성경에 드러난 하느님의 모습 또는 사건을 설명하면서 신학적으로 풀이하는 것입니다. 예를 들면, '하느님께서는 벌을 주시는 분이 아니라 한결같은 사랑이시다'라고 의미를 부여하는 것 등입니다. 이것은 어렵고 복잡한 해석을 뜻하지 않습니다. 교황 베네딕토 16세께서는 아주 뛰어난 신학자셨습니다. 그런데 그분의 첫 회칙이 나왔을 때, 제목을 보고 사람들이 놀랐습니다. 그렇게 학식이 높은 분에게서 나온 회칙의 제목이 「하느님은 사랑이십니다*Deus Caritas Est*」였기 때문입니다. 훌륭한 가르침은 단순합니다. 복잡한 가르침은 말하는 사람도 듣는 사람도 무슨 말인지 잘 모릅니다. 성 빈첸시오는 하느님에 관하여 설교하려거든 간단하고 쉽게 말하라고 했습니다.

셋째, 신비적 의미입니다. 우리는 역사적, 신학적 의미에서만 성경을 이해하고 그치는 경우가 있습니다. 물론 성경을 통해 지식을 얻는 것은 좋습니다. 그러나 거기서 멈추어서는 안 됩니다. 신비적 의미의 차원까지 나아가야 합니다. 이 차원은 우리가 하느님과 개인적인 관계를 맺는 차원이라고 말할 수 있습니다. 바로 오늘, 하느님께서는 성경을 통해 내게 친밀하게 말씀을 건네십니다. 그리고 그분은 나의 응답을 목말라하십니다. 그분의 말씀을 알아듣고 응답할 때, 그분께서 선사하신 신비적 의미가 나의 삶을 통해 이루어집니다. 이를 위해선 먼저 내 마음 안에서 주님의 말씀을 들을 수 있어야 합니다. 그러면 삶에 변화가 일어납니다. 이런 과정들을 겪으며 나와 하느님의 관계가 점점 더 깊어집니다. 성경을 읽을 때 역사적 의미나 신학적 의미의 차원에만 머물면, 하느님과 인격적인 관계를 맺고 있는 신자라고 보기 어렵습니다. 신비적 의미의 차원까지 나아가야 합니다.

저의 할머니는 신앙인입니다. 할머니는 글을 모르셔서 신학자는 되실 수 없었지만, 하느님을 믿는 분입니다. 그런데 반대로 신학자면서도 신앙인은 아닐 수 있습니다. 많은 것을 알고 있지만, 믿지는 않는 것입니다. 믿는 것은 아는 것과 다릅니다. 믿음은 마음에서 마음으로 전달됩니다. 그래서 우리는 말씀을 들으면 먼저 그 말씀을 묵상하고, 말씀을 통해 예수님과 마음의 일치를 이뤄야 합니다. 그러면 삶 안에서 말씀이 믿음의 열매를 맺습니다.

예를 들어보겠습니다. 몇 년 전 슬로바키아에 피정 지도를 하러 갔을 때였습니다. 미사 강론 중에 넥타이를 맨 한 신사가 들어왔습니다. 그 동네에서 가장 부유한 사람이었는데, 어떤 외국인 신부가 와서 치유 피정과 미사를 한다니까 무슨 말을 하는지 들어보려는 생각으로 온 것이었습니다. 그날 저는 자캐오에 관해 강론했습니다. 자캐오가 올라가 있던 나무를 '우리의 죄스러운 상태'로 볼 수 있다는 내용의 강론이었습니다. 미사 후 제의방에서 제의를 벗고 있는데, 그 신사가 들어와서 제 손을 잡고 아이처럼 울었습니다. 그분은 자기야말로 나무에서 내려와야 할 사람이라고 말하며, 어떻게 내려올 수 있는지 가르쳐 달라고 했습니다. 제가 말했습니다. "피정에 참석하십시오. 성령께서 가르쳐 주실 것입니다." 그분은 그렇게 했고, 지금은 슬로바키아 지역의 피정을 조직하는 소임을 합니다.

자캐오는 높은 나무 위에 올라가 있었습니다. 예수님께서는 자캐오를 보호해 주시기 위해서 내려오라고 손을 내미셨습니다. 높은 나무에서는 떨어지기 마련입니다. 그러면 뼈가 부러지고 크게 다칩니다. 그러기 전에 내려와야 합니다. 그런데 많은 사람이 나무에서 떨어진 후에야 예수님을 찾습니다. 물론 늦게라도 예수님을 찾는 것은 다행이지만, 우리는 자캐오처럼 그리고 그 신사처럼 나무에서 떨어지기 전에 예수님의 손을 잡고 내려와야 합니다.

예수님은 사도들을 부르시면서, "내가 너희를 사람 낚는 어부가 되게 하겠다"라고 말씀하셨습니다.(마르 1,17) 어부에게는 그물이 필요합니다. 사람 낚는 어부의 그물은 무엇입니까? '하느님의 말씀'입니다. 예수님께서 바로 그 그물을 사용하십니다. 사마리아 여인부터 당신과 함께 십자가에 못 박혔던 죄수에 이르기까지 '말씀'으로 하느님께 되돌아오도록 이끄셨습니다. 누군가는 묻습니다. "하느님의 말씀이 과연 우리를 어루만져 줄 수 있습니까?" 성경은 철학이 아닙니다. 철학은 우리의 지적인 부분, 곧 생각에 영향을 미칩니다. 그런데 성경은 철학처럼 단순히 지적인 부분만이 아니라 마음을 어루만져 주고, 그로 인해 차츰 내 삶이 바뀝니다. 이것이 성경의 신비적 의미의 차원입니다. 이 차원으로 내려오면 삶이 변화됩니다. 하느님의 말씀을 묵상하면 할수록, 말씀과 삶이 깊이 연결되어 있음을 깨닫게 됩니다. 성경의 의미가 지식적인 차원에서부터 시작하여 마음까지 다다라, 말씀이 우리 삶에 녹아나게 해야 합니다.

깊은 물에 그물을

예수님께서 겐네사렛 호숫가에 서 계시고, 군중은 그분께 몰려 들어 하느님의 말씀을 듣고 있을 때였다. 그분께서는 호숫가에 대어 놓은 배 두 척을 보셨다. 어부들은 거기에서 내려 그물을 씻고 있었다. 예수님께서는 그 두 배 가운데 시몬의 배에 오르시어 그에게 뭍에서 조금 저어 나가 달라고 부탁하신 다음, 그 배에 앉으시어 군중을 가르치셨다. 예수님께서 말씀을 마치시고 나서 시몬에게 이르셨다. "깊은 데로 저어 나가서 그물을 내려 고기를 잡아라." 시몬이 "스승님, 저희가 밤새도록 애썼지만 한 마리도 잡지 못하였습니다. 그러나 스승님의 말씀대로 제가 그물을 내리겠습니다" 하고 대답하였다. 그렇게 하자 그들은 그물이 찢어질 만큼 매우 많은 물고기를 잡게 되었다. 루카 5,1-6

이 복음 말씀은 우리 모두의 신원, 그리고 특히 사제로서의 신원을 묵상하도록 이끌어 주는 내용이라고 생각합니다. 어쩌면 이 말씀과 관련하여 '부르심'과 '응답'이라는 주제로 이미 많은 강론을 들으셨을 수도 있습니다. 그런데 저는 '부르심'과는 조금 다른 측면에서 묵상해 보시도록 안내해 드리고 싶습니다.

예수님의 말씀 중에서 특별히 몇몇 단어에 유념하면서 깊이 묵상하면, 상징적인 의미를 알아들을 수 있습니다. 예수님께서 시몬에게 이렇게 이르십니다. "깊은 데에 그물을 내려 고기를 잡아라." '깊은 데'라는 단어와 '그물'이라는 단어에 주의를 기울이면서 그 의미를 숙고해 보시기 바랍니다. 시몬은 밤부터 다음 날 아침까지 열심히 고기를 잡으려고 했지만, 한 마리도 잡지 못했습니다. 그러나 그는 예수님의 말씀을 듣고 순명하여, 깊은 물에 그물을 내립니다. 어떤 일이 벌어졌습니까? 그렇게 하자 그물이 찢어질 만큼 많은 물고기를 잡게 되었습니다. 오죽하면 다른 배에 있는 동료들에게 도와달라고 청해야 할 정도였습니다.

여러분, 깊은 물에 그물을 내린다는 것이 무슨 의미입니까? 무엇을 상징하는지를 헤아려 보십시오. '깊은 물'은 우리 마음속 깊은 곳, '그물'은 하느님의 말씀을 뜻하는 것일 수 있습니다. 하느님의 말씀을 피상적인 차원이 아니라 '깊은 물', 곧 내면 깊은 곳까지 닿도록 해야 합니다. 그렇다면 '많은 물고기'는 무엇을 상징합니까? 하느님께서 베푸시는 축복이라고 볼 수 있습니다. 하느님의 말씀이 우리 마음 안에 들어올 때, 축복도 함께 가득히 내립니다. 이는 이웃, 본당 공동체, 사회, 국가, 세상 모든 사람을 위한 축복입니다. 우리가 받은 축복을 모든 이에게 나누는 것, 그것이 그리스도인의 사명이고 또한 사제의 사명이기도 합니다. 이 사명을 어디서부터 시작해야 합니까? 바로 우리 각자의 마음 안에서부터입니다.

우리 가정에 평화가 필요합니다. 우리나라에도 평화가 절실합니다. 그런데 반드시 우리 마음 안에 먼저 평화가 있어야 합니다. 그러려면 '그물'이 마음 깊은 곳에 닿도록 해야 합니다. 그물이 상징하는 '하느님 말씀'은 우리를 전적으로 변모시킬 힘을 지니고 있습니다. 그분의 말씀이 우리를 평화로 이끕니다. 하느님의 말씀으로 변화의 여정을 걸으며, 주님께서 쏟아부어 주시는 풍성한 축복을 마음껏 받으십시오. 우리 자신뿐만 아니라, 각 본당 공동체에 '많은 물고기'가 필요합니다. 그러기 위해서는 공동체의 모든 구성원을 위해 기도해야 합니다. 어느 공동체나 평화를 깨뜨리고 문제를 일으키는 사람들이 있지요? 우리는 때로 그런 사람들이 밉습니다. 그렇지만 미운 사람을 위해 기도해야 합니다. 어쩌면 우리를 시기하는 사람들이 있을 수도 있습니다. 그들을 위해서도 기도하십시오. 주님께서 그들 모두를 어루만져 주시도록 은총을 청해야 합니다.

시몬 베드로가 예수님께 대답하였습니다. "스승님, 저희가 밤새도록 애썼지만 한 마리도 잡지 못하였습니다." 왜 한 마리도 잡지 못했습니까? 깊은 물이 아니라 얕은 수면에서 일하였기 때문입니다. 깊은 물에 그물을 내려야 합니다. 우리 기도는 마치 헛되이 애썼던 베드로의 그물과 같습니다. 기도를 하기는 합니다. 그런데 얕은 물에 그물을 던집니다. 이제 우리도 예수님께, 그 분의 말씀을 따랐던 베드로처럼 응답 드려야 합니다. "당신께서 깊은 물에 그물을 치라 하시니, 말씀하신 대로 치겠습니다."

모든 것을 잘 알고 있다고 생각하지만, 우리가 아는 것으로는 충분하지 않습니다. 우리의 앎은 제한적입니다. 우리는 도움이 필요합니다. 위로부터 오는 도움 말입니다. 빛을 비추어 주시는 분, 곧 주님의 도움이 필요합니다. 우리가 알고 있는 것은 완전하지 않습니다. 그것은 점점 더 완성되어야 합니다. 어떻게 그럴 수 있습니까? 예수님과 함께라면 모든 것이 가능합니다. 왜 그렇습니까? 인간의 논리를 뛰어넘는 은총이 작용하기 때문입니다. 이것을 잘 묵상해 보십시오.

하느님께서 먼저 당신 자신을 우리에게 보여주셨습니다. 우리도 그분께 우리 자신을 보여드려야 합니다. 베드로는 예수님께 있는 그대로의 자기 모습을 보이고 맡겨드렸습니다. 서로를 드러낸 것입니다. 이것이 기적입니다. 기적 뒤에는 하느님의 은총이 있습니다. 항상 하느님이 먼저 시작하십니다. 그리고 기다리십니다. 은총에 대한 응답으로 우리 자신을 드러내 보여주길 기다리고 계십니다.

이제 히브리서를 같이 보겠습니다. 사제의 신원을 함께 이해하고, 여러분에게 사제를 위한 기도를 청하기 위해서입니다.

모든 대사제는 사람들 가운데에서 뽑혀 사람들을 위하여 하느님을 섬기는 일을 하도록 지정된 사람입니다. 곧 죄 때문에 예물과 제물을 바치는 것입니다. 그는 자기도 약점을 짊어지고 있으므로, 무지하여 길을 벗어난 이들을 너그러이 대할 수 있습니다. 그리고 연약한 탓에 백성의 죄뿐만 아니라 자기의 죄 때문에도 제물을 바쳐야 합니다. 이 영예는 어느 누구도 스스로 얻는 것이 아니라, 아론과 같이 하느님에게서 부르심을 받아 얻는 것입니다.

히브 5,1-4

히브리서는 사제에 대해 명확히 설명합니다. 사제는 하느님과 인간 사이에서 사람들을 위하여 예물과 제물을 바칩니다. 곧 사제는 하느님과 사람 사이에 다리를 놓는 자이지요. 사제는 자기 때문에 존재하는 것이 아니라, 다른 사람들을 위해 존재합니다. 사제는 하느님께 사람들의 염원을 담아 기도를 바칩니다. 이렇게 사제가 사람들을 위해 간구하면 하느님께서 마음을 돌리십니다. 축복을 베풀어 주시고, 평화와 일치를 이루어 주십니다. 그래서 심술궂은 마귀들은 사람들에게 자꾸만 소곤거립니다. "사제에게 가지 말라." 또한 마귀들은 사제들에게도 속삭입니다. 열심히 강론 준비하지 말고 적당히 하고, 너무 많이 기도하지 말라고 속닥거립니다. 마귀의 속삭임을 따르면 어떻게 됩니까? 한 마디로 노예가 됩니다. 물질의 노예, 인터넷의 노예, 술의 노예 등 무엇인가에 묶여 가장 비참한 포로 상태가 됩니다.

사람들을 이 포로 상태에서 해방시켜 줄 존재가 필요합니다. 하느님의 말씀은 우리를 자유롭게 해줍니다. 그러기에 하느님의 말씀, 곧 복음을 선포하고 가르치는 사람이 필요한 것입니다. 이를 할 수 있는 사람은 대통령이 아닙니다. 바로 사제들입니다. 사제가 기도하면, 하느님께서 마음을 바꾸신다는 것을 잊지 마십시오. 한편 하느님께서 우리를 향한 당신의 마음을 돌리신다는 의미의 이면에는, 우리 역시 그분을 향한 마음이 새롭게 달라진다는 것도 함축되어 있습니다. 이것을 잘 묵상하십시오. 하느님의 말씀으로 자유로워지고 변화하기 위해, 먼저 '깊은 물'에 '그물'을 내려야 합니다. 마음 깊은 데에 하느님의 말씀이 닿게 해야 합니다. 그분께 우리 마음을 드러내야 합니다. 그때 축복이 풍성히 내립니다.

간절한 기도

주님께서 다시 모세에게 말씀하셨다. "내가 이 백성을 보니, 참으로 목이 뻣뻣한 백성이다. 이제 너는 나를 말리지 마라. 그들에게 내 진노를 터뜨려 그들을 삼켜 버리게 하겠다. 그리고 너를 큰 민족으로 만들어 주겠다." 그러자 모세가 주 그의 하느님께 애원하였다. "주님, 어찌하여 당신께서는 큰 힘과 강한 손으로 이집트 땅에서 이끌어 내신 당신의 백성에게 진노를 터뜨리십니까? 어찌하여 이집트인들이, '그가 이스라엘 자손들을 해치려고 이끌어 내서는, 산에서 죽여 땅에 하나도 남지 않게 해 버렸구나' 하고 말하게 하시렵니까? 타오르는 진노를 푸시고 당신 백성에게 내리시려던 재앙을 거두어 주십시오. 당신 자신을 걸고, '너희 후손들을 하늘의 별처럼 많게 하고, 내가 약속한 이 땅을 모두 너희 후손들에게 주어, 상속 재산으로 길이 차지하게 하겠다' 하며 맹세하신 당신의 종 아브라함과 이사악과 이스라엘을 기억해 주십시오." 그러자 주님께서는 당신 백성에게 내리겠다고 하신 재앙을 거두셨다. 탈출 32,9-14

하느님께서는 이스라엘을 이집트 종살이에서 해방시켜 주셨습니다. 그러나 그들은 하느님께 순명하지 않고, 금송아지를 만들어 우상에게 제물을 바치면서 하느님을 거역하였습니다. 주님께서는 진노하십니다. 그러나 모세는 불충실한 백성을 위해 하느님께 간절히 매달립니다. 하느님과 백성의 중재자로서 그분께 간구합니다. 우리는 모세의 중재 기도에서 세 가지 측면을 살펴볼 수 있습니다.

첫째, 먼저 하느님께 감사와 찬미를 드립니다. 모세는 주님께 이렇게 말씀드립니다. "주님, 당신께서는 큰 힘과 강한 손으로 당신의 백성을 이집트 땅에서 이끌어 내셨습니다. 그런 당신의 백성에게 어찌 진노를 터뜨리십니까?" 모세는 온 백성을 대신하여 하느님께 감사와 찬미를 드리는 것입니다.

둘째, 하느님께 영광을 드립니다. 주님께 당신의 거룩한 이름을 망치게 하시면 안 된다고 상기시켜 드립니다. 그분의 이름은 영광을 받아 마땅합니다. 모세는 이집트인들이 주님의 이름을 욕되게 하는 것을 원하지 않으니, 진노를 푸시고 당신 백성에게 내리시려는 재앙을 거두어 달라고 간구합니다.

셋째, 죄인이라는 사실을 인정합니다. 그러나 선조들을 보아서 용서해 달라고 하느님께 청합니다. 곧 아브라함, 이사악, 야곱과 맺으신 약속과 그들의 거룩한 삶을 기억하시어 자비를 베풀어 달라고 간청합니다.

그러자 하느님께서 마음을 바꾸십니다. 진노를 푸시

고 재앙을 거두셨습니다. 모세의 중재 기도로 사람들이 용서와 축복을 받았습니다.

세상에서 사람들은 점점 술이나 마약, 인터넷 등의 노예가 되어 갑니다. 많은 사람이 무엇인가에 중독되고 있습니다. 상황이 아주 어렵습니다. 가족과 함께 식사할 때조차 대부분의 아이들은 스마트폰을 손에서 내려놓지 않습니다. 가족 사이에 대화가 거의 없습니다. 알코올 중독 전문 병원은 이미 있었지만, 이제는 컴퓨터 중독 전문 병원이 생겼다고 합니다. 사람들은 스마트폰을 하면서 자유롭다고 생각합니다. 세상에서 일어나는 모든 일을 알 수 있고, 모든 것을 할 수 있다고 생각합니다. 그런데 그것이 과연 자유입니까? 아닙니다. 스마트폰의 노예가 된 상태입니다. 그런데 그것을 잘 모릅니다. 자기들이 속박당한 노예와 같다는 사실을 알지 못합니다. 오히려 그것이 진정한 삶이라고 생각합니다. 부모는 그런 아이들에게 소리를 지릅니다. 그런데 소리치는 것은 도움이 되지 않습니다. 무엇보다 기도해야 합니다. 사람들을 위해 기도해 줄 사제와 수도자가 더 많이 나와야 합니다. 그리고 우리 자신도 아이들을 위해 기도하고, 아이들에게 좋은 삶의 모범을 보여야 합니다. 모세의 기도를 기억하십시오. 우리는 가정의 모세가 되어야 합니다. 모세처럼 하느님께 간구해야 합니다. 모세의 기도를 어떻게 가정에 적용할 수 있는지 묵상해 봅시다.

첫째, 먼저 하느님께 감사와 찬미를 드리는 것입니다. 진정 자녀들을 하느님의 선물로 여기십시오. 자녀들을 두고 하느님께 감사하십시오. 또한 모세가 백성을 대신했듯이, 부모는 자녀들을 대신하여 하느님께 감사와 찬미를 드려야 합니다.

둘째, 하느님께 영광을 드립니다. 자녀로 인해 그분의 거룩한 이름이 흐려지지 않도록, 자녀들을 통하여 주님의 이름이 영광을 받으시도록 기도해야 합니다. "주님,

당신의 이름을 욕되게 하는 것을 바라지 않으니, 저희 자녀들을 언제나 바른길로 이끌어 주십시오." 이처럼 진심에서 우러나오는 부모의 기도는 참으로 아름답습니다.

셋째, 우리가 하느님께 자주 죄를 짓는다는 사실을 인정하고, 다만 교회의 믿음을 보시어 용서해 달라고 청하는 것입니다. 모세가 아브라함과 이사악과 이스라엘을 기억해 달라고 청했듯이, 교회의 성인들 특히 한국 순교 성인들을 보아서 용서해 주시길 간청하십시오. 그들의 거룩한 삶을 보시어 우리 가족에게 자비를 베풀어 달라고 기도하십시오.

우리는 가족을 위하여 모세가 되어야 합니다. 곧 모세처럼 가족을 위해 기도해야 합니다. 기도를 통해 은총을 충만히 받고, 모든 것을 되찾을 수 있습니다. 어떤 사람들은 매일 기도하고 날마다 미사를 드리는데, 왜 효과가 없는지 따져 묻습니다. 그것은 그들이 물의 표면에 그물을 던지기 때문입니다. 깊은 물에 그물을 던져야 합니다. 하느님의 말씀이 마음 깊은 곳까지 내려오도록 해야 합니다. 하느님께서는 "나와 함께 모든 것이 가능하다"고 말씀하십니다. 좋은 가정을 이루는 일은 아주 중요한 일이고, 그것은 주님과 함께 가능합니다. 아직 늦지 않았습니다. 지금이 바로 은총의 때입니다. 지금이 바로 기도를 바쳐야 할 때입니다. 하느님께서 당신 자신을 우리에게 보여주셨습니다. 이제 하느님께 우리 자신을 보여드릴 시간입니다. 그러면 기적을 보게 될 것입니다. 여러분, 가정의 모세가 되십시오. 우리는 혼자가 아닙니다. 주님께서 우리와 함께 계십니다. 예수님께 기도하십시오. 예수님이 우리 삶의 모든 것이 되게 하십시오. 자신을 위해 기도하는 것만으로는 충분하지 않습니다. 가족을 위해, 가족의 변화를 위해 기도해야 합니다. 우리가 가족의 대표입니다.

예수님께서 오셨을 당시, 많은 이스라엘 사람은 희망

을 잃어버린 채 믿음을 저버리고 있었습니다. 그렇지만 백성 대부분이 타락의 길을 걸을 때도, 메시아에 대한 희망을 포기하지 않았던 소수의 '남은 자'들이 있었습니다. 하느님께서는 그들을 잊지 않으셨습니다. 그들 덕분에 이스라엘 전체에 축복이 내렸습니다.

오늘날 사람들은 돈과 권력에 사로잡혀 있습니다. 그렇지만 돈이 평화를 주지 않습니다. 권력이 우리를 평온히 잠들게 하지 않습니다. 돈과 권력에 포로가 된 사람들은 평화가 없기 때문에 화를 내거나 불안해합니다. 이는 마치 이스라엘 사람들이 자신들이 저지른 악행 때문에, 적군의 포로가 되어 유배 생활의 고통을 당한 것과도 같습니다. 우리는 그런 삶을 살지 않아야 합니다. 우리는 '남은 자'들이기 때문입니다. 자신을 기꺼이 하느님께 내보입시다. 그것이 기도입니다.

기도할 때 우리는 혼자가 아닙니다. 주님과 함께, 교회와 함께 있습니다. 무엇을 위하여 기도합니까? 가정의 평화와 일치를 위해서입니다. 그런데 사실 모세가 되기는 쉽지 않습니다. 사람들 사이에는 언제나 어려움과 갈등이 있기 마련입니다. 혼자 힘으로는 평화와 일치가 불가능합니다. 그렇지만 예수님과 함께라면 모든 것이 가능합니다. 지금 당장은 주님의 축복을 알아볼 수 없을지라도, 언젠가 그 축복을 이미 받은 것을 알게 될 것입니다.

많은 사람이 기도했는데 왜 응답이 없는지 모르겠다고 말하고는 합니다. 그렇지만 변화는 갑자기 일어나는 것이 아닙니다. 선한 일은 결과가 곧장 나타나지 않습니다. 반면 나쁜 일은 결과가 즉시 나타납니다. 예를 들면, 묵주기도를 드렸다고 해서 그 결과로 축복이 금방 느껴지진 않습니다. 그런데 술을 과하게 마시면 당장 그 결과가 나타납니다. 부정적인 일의 결과는 이처럼 곧바로 드러납니다. 그래서 기도할 때 믿음과 인내가 함께 필요합니다.

밭에 비가 내리면 풀이 자랍니다. 풀이 자라는 것이 단순히 비가 오기 때문입니까? 아닙니다. 사막에서는 비가 와도 풀이 자라지 않습니다. 풀이 자라는 것은 밭에 풀씨가 있었기 때문입니다. 밭에 묻힌 씨앗은 비를 기다리고 있었습니다. 비는 씨앗이 자라도록 도와줄 뿐입니다. 우리는 비 때문에 풀이 자란다고 생각합니다. 그러나 애초에 씨앗이 없었다면 풀은 자라지 않습니다. 풀이 자라는 진짜 이유는 씨앗 때문입니다.

우리의 기도가 씨앗입니다. 먼저 씨앗을 심고, 그다음 비가 내리길 기다려야 합니다. 비는 여러 다른 모습으로 내립니다. 때로는 질병이나 실패 등의 모습으로 내리기도 합니다. 그런데 많은 사람이 삶의 비극을 겪으며 다시 하느님께로 돌아오곤 합니다. 그렇다면 병에 걸리거나 삶의 실패가 있었기 때문에 회심이 일어난 것입니까? 아닙니다. 거기에 씨앗, 곧 많은 사람의 기도가 있었기 때문입니다. 이것이 우리가 가족을 위해 기도해야 하는 이유입니다. 가족을 위한 기도는 사랑의 씨앗을 뿌리는 일입니다. 아울러 씨앗에 비가 내리도록 계속 기도하십시오. 그러면 씨앗은 싹이 트고 열매를 맺습니다. 축복의 열매입니다. 이것을 바라며 끊임없이 기도해야 합니다.

사울과 다윗이 하느님께 받았던 선물을 우리도 교회를 통하여 똑같이 받습니다.

세 가지 선물

성경 속 이야기는 모두 우리 삶에 도움이 됩니다. 각각의 인물들은 하느님에 대해 가르쳐 줍니다. 그들이 우리에게 무슨 말을 건네는지 잘 들어야 합니다. 이제 성경 속 인물 중 특히 사울과 다윗에 대해 보려고 합니다. 이들의 삶이 우리에게 어떤 가르침을 주는지 숙고해 봅시다.

사울은 이스라엘의 첫 번째 왕입니다. 그는 힘센 용

사였던 키스의 아들로, 벤야민 지파 출신이었습니다. 그는 다른 사람들보다 어깨 위만큼 더 컸으며, 아주 잘생긴 청년이었습니다.

다윗은 두 번째 왕입니다. 그는 이사이의 아들로, 유다 지파 출신이었습니다. 양 떼를 치는 목자였으며, 볼이 불그레하고 눈매가 아름다운 이였습니다. 또한 비파를 잘 타는 음악가이기도 했습니다.

두 사람이 왕이 된 배경을 먼저 살펴볼 필요가 있습니다. 하느님께서는 이스라엘 백성을 모세와 함께 이집트에서 탈출하도록 인도해 주셨습니다. 모세의 죽음 후, 백성은 여호수아의 지휘에 따라 약속의 땅에 자리를 잡습니다. 여호수아가 죽자, 주님께서는 판관들을 세우시어 백성을 이끌도록 하셨습니다. 세월이 흘러 사무엘이 판관으로서 이스라엘을 다스리다가, 이어 그의 아들들이 판관이 되었습니다. 그런데 그들은 사무엘의 길을 따라 걷지 않고, 잇속에 치우쳐 이스라엘을 그릇되게 다스렸습니다. 그러자 이스라엘의 원로들이 사무엘을 찾아가 다른 민족들처럼 임금을 세워달라고 청합니다. 백성들이 왕을 달라고 외치자 사무엘은 주님께 기도를 드렸고, 주님께서는 그들의 말을 들어주라고 하십니다. 이스라엘 백성들은 왕이 있으면 나라가 부강하게 되고, 자기들이 행복해질 거라고 여겼습니다. 그렇지만 그들은 잘못 생각했습니다. 진정한 행복은 왕이 줄 수 없습니다. 또한 왕도 다른 어떤 것도, 하느님을 대신할 수는 없습니다. 하느님은 언제나 삶의 첫 자리에 모셔야 하는 분입니다.

어느 날, 사울은 아버지의 암나귀들이 없어져 찾으러 나갔습니다. 결국 나귀를 찾지 못하고 지쳐 돌아가려고 할 때, 함께 있던 종이 하느님의 사람이 계신 성읍에 가서 그분께 길을 일러주시길 청해보자고 말합니다. 하느님의 사람이 누구입니까? 사무엘이었습니다. 사실 주님께서는 사울이 찾아오기 전에 이미 사무엘에게 말씀해 주셨습니다. '내일 내가 벤야민 땅에서 온 사람을 보낼 터이니, 그에게 기름을 부어 내 백성의 영도자로 세워라.'(1사무 9,16 참조)

사울이 사무엘을 찾아간 순간, 주님께서는 사울이 바로 그 사람이라고 사무엘에게 다시금 말씀하십니다. 사무엘이 이스라엘의 온 기대가 사울에게 걸려있다고 말해주자, 사울은 자신이 가장 작은 벤야민 지파의 가장 보잘것없는 가문의 사람이라면서 그의 말을 믿지 못합니다. 그렇지만 사무엘은 하느님의 말씀대로 그의 머리에 기름을 붓습니다. 사울은 기름부음을 받으면서 하느님께 세 가지 아름다운 선물을 받았습니다.

사무엘은 기름병을 가져다가, 사울의 머리에 붓고 입을 맞춘 다음 이렇게 말하였다. "주님께서 당신에게 기름을 부으시어, 그분의 소유인 이스라엘의 영도자로 세우셨소. … 그때 주님의 영이 당신에게 들이닥쳐, 당신도 그들과 함께 황홀경에 빠져 예언하면서 딴 사람으로 바뀔 것이오." … 사울이 몸을 돌려 사무엘을 떠나가려는데, 하느님께서 사울의 마음을 바꾸어 주셨고, 바로 그날 이런 표징들이 모두 일어났다. 1사무 10,1.6.9

사울은 첫 번째로 왕권을 부여받았습니다. 두 번째는 하느님의 영, 곧 성령을 받았습니다. 세 번째는 새로운 마음을 받았습니다. '기름부음'으로 이러한 세 가지 선물을 받은 것입니다. 보십시오. 하느님께서는 사람을 뽑으실 때, 그에게 선물을 주십니다. 그를 새롭게 해주십니다.

하느님의 자녀로서 우리도 사울처럼 세 가지 선물을 받았습니다. 첫 번째, 세례를 받을 때 우리는 예수님의 왕권에 동참합니다. 이는 섬김을 받으러 온 것이 아니라 섬기러 오신 예수님을 본받고 따르면서, 우리의 정체성을 간직하고 품위를 실현함을 뜻합니다. 두 번째, 견진성사를 통해서 성령을 받습니다. 세례성사로 이미 성령을 선물로 받습니다만, 견진성사로 성령의 특별한 힘을 받아 그리스도의 참된 증인이 되고, 성령의 이끄심에 따라 살아가면서 하느님의 자녀로서 더 깊이 뿌리내립니다. 세 번째, 고해성사로 새로운 마음을 받습니다. 사울이 사무엘을 통해 받은 것을 우리는 오늘날 교회를 통해 받습니다. 같은 영이신 성령께서 활동하십니다.

그렇지만 사울은 왕이 되자 하느님을 점차 잊어버립니다. 권력과 재물을 얻게 되면서 교만과 질투가 생기게 되었고, 하느님을 완전히 잊지는 않았더라도 그는 주님을 옆으로 밀쳐냈습니다. 하느님의 법을 무시하고, 자신의 법을 만들었습니다. 하느님의 뜻을 거스르며 죄를 지었습니다. 또한 하느님의 사람이면서 오히려 사람들의 영웅이 되기를 원했습니다. 그는 결국 좋은 왕이 되지 못했습니다. 교만과 이기심이 그것을 가로막았습니다.

하느님께서는 그런 사울에게 사무엘을 보내십니다. 사무엘은, 아말렉족과의 전투에서 전리품에 눈이 멀어 하느님의 말씀을 거역한 사울의 죄를 지적합니다.

그러자 사무엘이 말하였다. "주님의 말씀을 듣는 것보다 번제물이나 희생 제물 바치는 것을 주님께서 더 좋아하실 것 같습니까? 진정 말씀을 듣는 것이 제사드리는 것보다 낫고 말씀을 명심하는 것이 숫양의 굳기름보다 낫습니다. 거역하는 것은 점치는 죄와 같고 고집을 부리는 것은 우상을 섬기는 것과 같습니다. 임금님이 주님의 말씀을 배척하셨기에 주님께서도 임금님을 왕위에서 배척하셨습니다." 1사무 15,22-23

사울은 사무엘에게 잘못했다고 용서를 청합니다. 그런데 그는 입술로만 용서를 청했지, 진정으로 뉘우친 것은 아니었습니다. 사울은 '기름부음받은이'였습니다. 그렇지만 하느님을 거역하면 그것은 아무 의미가 없습니다. 사울에게 어떤 일이 일어났습니까? 그는 서서히 세 가지 선물을 잃어버렸습니다.

주님께서 사무엘에게 말씀하셨다. "너는 언제까지 이렇게 슬퍼하고만 있을 셈이냐? 나는 이미 사울을 이스라엘의 임금 자리에서

밀어냈다. 그러니 기름을 뿔에 채워 가지고 떠나라." … 주님의 영이 사울을 떠나고, 주님께서 보내신 악령이 그를 괴롭혔다. … 사울이 자기 무기병에게 명령하였다. "칼을 뽑아 나를 찔러라. 그러지 않으면 할례받지 않은 저자들이 와서 나를 찌르고 희롱할 것이다." 그러나 무기병은 너무 두려워서 찌르려 하지 않았다. 그러자 사울은 자기 칼을 세우고 그 위에 엎어졌다. 1사무 16,1.14; 31,4

기름부음받은이였던 사울은 왕권을 잃어버렸습니다. 그리고 성령이 그에게서 떠나갔습니다. 마지막으로 그는 자살로 생을 마쳤습니다. 이것이 죄의 힘입니다.

우리도 악의 영향을 받으면, 세 가지 선물을 잃어버립니다. 첫째, 왕권을 잃어버립니다. 우리의 정체성과 존엄성을 잃는 것입니다. 둘째, 성령이 우리에게서 떠나갑니다. 그러면 삶이 공허하고 지루하게 느껴집니다. 셋째, 새 마음을 잃어버립니다.

사울은 우리에게 하느님이 어떤 분이신지 알려줍니다. 하느님께서는 죄를 지었다고 곧바로 왕권을 빼앗지 않으십니다. 그분은 기다려 주시는 분입니다. 하느님께서는 사울이 다시 돌아오기를 기다리셨습니다. 그런데 사울은 돌아오지 않고, 스스로 파멸로 나아갔습니다. 결국 하느님께서는 그에게서 왕권을 거두어 다른 사람에게 주셨습니다.

이제 다윗을 보도록 하겠습니다. 사울과 다윗, 두 사람을 잘 연결하면서 묵상하십시오. 다윗은 두 번째로 기름부음을 받고 왕이 됩니다. 그도 세 가지 선물을 받았습니다. 그렇지만 다윗 역시 약함을 지닌 인간이었고, 그 약점에서 벗어나지 못했습니다.

어느 날 다윗은 왕궁의 옥상을 거닐다가 한 여인이 목욕하는 것을 보게 되었습니다. 그는 처음엔 눈으로 죄를 지었습니다. 그다음에는 여인이 자신의 부하인 우리야의 아내임을 알았음에도, 그녀를 데려와 정을 통했습니다. 간음죄를 더한 것입니다. 이후 여인은 다윗의 아이를 배게 되었습니다. 그러자 다윗은 전장에 나가 있던 그녀의 남편 우리야를 불러내어, 아내와 동침하도록 집으로 보내려 했습니다. 그렇지만 우리야는 집으로 가지 않고 다른 부하들과 함께 왕궁 문간에서 잤습니다. 그 이유를 다그쳐 묻는 다윗에게 우리야는 이렇게 말합니다. "상관 요압 장군님과 저의 주군이신 임금님의 신하들이 땅바닥에서 야영하고 있는데, 제가 어찌 제 집에 내려가 먹고 마시며 제 아내와 함께 잘 수 있겠습니까?"(2사무 11,11) 우리야의 대답이 다윗의 마음을 꿰찔렀습니다. 전쟁을 책임져야 하는 사람은 왕입니다. 그런데 그는 부하들만 전쟁터에 보내고 예루살렘에 남아 게으름을 피우며, 남의 아내나 탐하고 있었던 것입니다. 반면, 우리야는 마치 '설탕, 소금'을 되뇌던 아프리카 소년처럼 자기가 해야 할 일을 충실히 하고 있었습니다. 우리야의 의지를 꺾지 못하자, 다윗은 자신이 감추고 있는 죄가 드러날까 봐 두려웠습니다. 그리하여 결국 살인죄까지 저지릅니다. 교묘하게 적군의 칼로 우리야를 죽입니다. 하나의 죄가 또 다른 죄를 낳았습니다.

그런데 다윗이 저지른 짓이 주님의 눈에 거슬렸습니다. 사울에게 사무엘을 보내셨듯, 하느님께서 이제 다윗에게 예언자 나탄을 보내십니다.

주님께서 나탄을 다윗에게 보내시니, 나탄이 다윗에게 나아가 말하였다. "한 성읍에 두 사람이 살고 있었습니다. 한 사람은 부자이고 다른 사람은 가난했습니다. 부자에게는 양과 소가 매우 많았으나, 가난한 이에게는 자기가 산 작은 암양 한 마리밖에는 아무것도 없었습니다. 가난한 이는 이 암양을 길렀는데, 암양은 그의 집에서 자식들과 함께 자라면서, 그의 음식을 나누어 먹고 그의 잔을 나누어 마시며 그의 품 안에서 자곤 하였습니다. 그에게는 이 암양이 딸과 같았습니다. 그런데 부자에게 길손이 찾아왔습니다. 부자는 자기를 찾아온 나그네를 대접하려고 자기 양과 소 가운데에서 하나를 잡고 싶지는 않았습니다. 그래서 가난한 사람의 암양을 잡아 자신을 찾아온 사람을 대접하였습니다." 다윗은 그 부자에 대하여 몹시 화를 내며 나탄에게 말하였다. "주님께서 살아계시는 한, 그런 짓을 한 그자는 죽어 마땅하다. 그는 그런 짓을 하고 동정심도 없었으니, 그 암양을 네 곱절로 갚아야 한다." 그러자 나탄이 다윗에게 말하였다. "임금님이 바로 그 사람입니다." … 그때 다윗이 나탄에게 "내가 주님께 죄를 지었소" 하고 고백하였다. 그러자 나탄이 다윗에게 말하였다. "주님께서 임금님의 죄를 용서하셨으니 임금님께서 돌아가시지는 않을 것입니다. 다만 임금님께서 이 일로 주님을 몹시 업신여기셨으니, 임금님에게서 태어난 아들은 반드시 죽고 말 것입니다."

2사무 12,1-7.13-14

다윗은 사울의 삶을 알고 있었습니다. 그는 죄가 사울의 삶을 어디로 이끌었는지를 생각했을 것입니다. 사울은 왕권과 재산과 부하들을 다 잃고 파멸로 나아갔습니다. 그 이유가 무엇입니까? 죄를 지었기 때문입니다. 죄를 저지른 까닭은 무엇입니까? 성령을 잃었기 때문입니다. 성령을 잃어버린 것이 사울의 삶을 멸망에 이르게 한 근본적인 이유입니다. 성령을 얻자 모든 것을 얻을 수 있었는데, 성령을 잃자 모조리 잃고 마지막으로 생명까지 잃게 되었습니다.

다윗은 큰 소리로 웁니다. 마치 아이처럼 웁니다. 그는 죄의 결과로 맞게 된 사울의 삶의 끝을 기억하면서 울었을 것입니다. 그 기억은, 다윗이 뉘우치고 다시 하느님께 돌아오도록 이끌어 주었을 것입니다.

우슬초로 제 죄를 없애주소서. 제가 깨끗해지리이다.
저를 씻어주소서. 눈보다 더 희어지리이다.
기쁨과 즐거움을 제가 맛보게 해주소서.
당신께서 부수셨던 뼈들이 기뻐 뛰리이다.
저의 허물에서 당신 얼굴을 가리시고
저의 모든 죄를 지워주소서.
하느님, 깨끗한 마음을 제게 만들어 주시고
굳건한 영을 제 안에 새롭게 하소서.
당신 면전에서 저를 내치지 마시고
당신의 거룩한 영을 제게서 거두지 마소서. 시편 51,9-13

다윗은 하느님께 자기 삶에서 성령만은 가져가지 마시고, 마음 안에 굳건한 영을 새롭게 해달라고 울부짖습니다. 다윗은 주님께서 성령을 거두시면 모든 것을 잃게 된다는 것을 알았습니다. 다윗은 자신이 잃어버린 깨끗한 마음을 다시 만들어 달라고 청합니다. 주님의 영, 올바른 영, 거룩한 영, 새로운 영을 다시금 부어주시길 청하면서, 자신을 내치지 마시고 거룩한 영을 거두지 말아 달라고 절절하게 기도합니다. 다윗은 왜 이런 시편을 쓰게 되었을까요? 시편 51편은 다윗의 뉘우침의 열매입니다. 통회하는 사람의 마음에서 이 시편이 만들어졌습니다. 이 아름다운 기도가 하느님의 마음을 돌리게 합니다. 하느님은 죄인의 멸망을 바라시는 분이 아니기 때문입니다.

사울과 다윗은 둘 다 죄를 지었습니다. 그런데 다윗은 구약성경에서 별처럼 한 자리를 차지하고 있는데, 사울은 아스라이 스러진 별일 뿐입니다. 다윗이 빛나는 별이 된 것은 그의 온 생애가 거룩했기 때문이 아닙니다. 죄를 뉘우치고 하느님께 돌아왔기 때문입니다. 하느님을 만나고 그분을 깊이 체험했기 때문입니다.

2년 전 독일에서 피정 지도를 할 때, 어떤 형제님이 다가와 이야기를 청했습니다. 그는 많은 것을 알고 있는 아주 지적인 사람이었고 또한 부자였습니다. 그러던 어느 날, 삶의 위기가 닥쳤고 그분은 실패를 겪었습니다. 자신은 가족에게 짐이자, 가정의 평화를 앗아간 사람이라고 고백하면서 이렇게 말했습니다. "안토니오 신부님, 제가 가진 모든 것을 다 가져가시고 저에게 성령을 주세요." 그는 이전에는 성령이 필요하다는 생각조차 못 했는데, 이 피정에 와서 자기가 모든 것을 다 잃어도 성령만은 반드시 지녀야 한다는 것을 깨닫게 되었다고 했습니다. 지금 그 형제님은 피정 봉사자로서 열심히 일하십니다.

여러분, 성령을 잃으면 모든 것을 잃게 됩니다. 그런데 우리가 언제 성령을 잃어버렸는지조차도 잘 모를 수 있습니다. 자기도 모르는 사이에 성령이 떠나갑니다. 삼손도, 유다도 그렇게 성령을 잃어버렸습니다. 그들처럼 죄를 지으면서, 우리도 모른 채로 성령을 잃게 됩니다. 그러나 하느님께서 그런 우리에게 반드시 찾아오십니다. 때로는 부모님을 통해서, 혹은 친구를 통해서 다가오실 수도 있습니다. 그들이 바로 주님께서 보내신 사무엘이며 나탄입니다.

우리 주위에 어떤 사람은 슬픔에 젖어있고, 또 다른 사람은 우울증에 걸려있습니다. 그들이 직장을 잃었기 때문입니까? 병이 나서일까요? 술을 마셔서 그렇습니까? 아닙니다. 겉만 보면 그런 이유일 수 있지만, 원인을 보아야 합니다. 원인은 성령을 잃었기 때문입니다. 때로는 질투나 시기가 영혼을 파멸로 이끌기도 합니다. 그런데 실상 그 원인 역시 성령을 잃어버렸기 때문입니다. 어떻게 성령을 잃어버립니까? 우리가 의도적으로 하느님을, 성령을 거부하기 때문입니다. 그분이 우리의 깊은 물에 와닿으실 수 있도록 허락해야 합니다. 진정으로 기도해야 합니다. "주님, 저희 가족에게서 그리고 제게서 성령을 거두지 마십시오." 성령을 잃으면 모든 것을 잃게 된다는 사실을 깊이 명심하십시오.

어렸을 때 저는 장난꾸러기였습니다. 저희 집은 숲속에 있었기에 주위에 새가 많았습니다. 어느 날 저는 까마귀 새끼를 보고 싶었습니다. 그래서 둥지를 향해 나무에 기어올랐습니다. 그런데 제가 둥지 가까이 가자, 어미 까마귀가 큰 소리로 울면서 다른 까마귀들을 불러 모았고, 새들이 제 얼굴을 쪼는 바람에 달아날 수밖에 없었습니다. 이처럼 까마귀는 아주 공격적입니다.

한편, 비둘기는 다릅니다. 새끼를 보러 둥지 곁에 가면 어미 비둘기는 둥지에서 날아올라, 다른 가까운 나무에서 그저 바라보며 무슨 짓을 하는지 지켜만 봅니다. 그러다 만약 누군가 새끼 새를 가져가 버리면, 어미 새는 울면서 날아가고 맙니다. 까마귀와 비둘기는 이렇게 서로 다릅니다. 저는 어미 비둘기의 행동을 보면서 많은 것을 느꼈습니다.

> 여러분의 입에서는 어떠한 나쁜 말도 나와서는 안 됩니다. 필요할 때에 다른 이의 성장에 좋은 말을 하여, 그 말이 듣는 이들에게 은총을 가져다줄 수 있도록 하십시오. 하느님의 성령을 슬프게 하지 마십시오. 에페 4,29-30

여러분, 저도 같은 말씀을 드리고 싶습니다. 성령을 슬프게 하지 말아야 합니다. 성령과 악령은 함께 있지 못합니다. 죄를 짓는다는 것은 성령을 거부하는 것입니다. 우리가 죄를 지을 때 성령께서는 깊이 슬퍼하시며 우리가 회개하길 바라십니다. 그러나 계속 죄를 짓고 뉘우치지 않으면, 결국 성령은 떠나가실 수밖에 없습니다. 우리가 그렇게 만드는 것입니다.

우리 안에서 성령을 어떻게 모셔야 하겠습니까? 어미 비둘기를 둥지에 머물게 할 수도 있고, 다른 나무 근처로 날아가 애타게 둥지를 바라보게 할 수도 있고, 아예 둥지를 떠나버리게 할 수도 있습니다. 성령도 마찬가지입니다.

하느님은 당신의 뜻을 어긴 사울을 두고 슬퍼하셨습니다. 사울이 뉘우치지 않자, 그를 임금으로 세우신 일을 후회하십니다. 우리는 사울처럼 되어서는 안 됩니다. 하느님께서 저를 사제로 세우신 것을 후회하시게 해서는 안 됩니다. 여러분을 결혼 성소로 이끄신 것을 후회하시게 해서는 안 됩니다. 우리는 하느님의 희망입니다. 만약 죄를 지어 우리가 무엇인가를 잃어버렸다 해도, 뉘우친다면 되돌려 받을 수 있습니다. 다윗은 뉘우쳤기에 세 가지 선물 곧 왕권, 성령, 새 마음을 돌려받았습니다. 그래서 새로운 삶을 다시 시작할 수 있었습니다.

두 인물, 사울과 다윗을 비교하면서 우리 삶과 연결하여 잘 묵상해 보십시오. 두 사람의 이야기는 바로 우리 삶에 관한 이야기입니다.

마더 데레사처럼 투자하기

좋은 사람이 되기 위해서는 성당에 가는 것만으로 충분하지 않습니다. 내면을 하느님으로 채워야 합니다. 그물을 물속 깊이 내려야 합니다.

회심해야 할 사람은 다른 이가 아니라 우리 자신입니다. 예수님께서 우리 삶의 왕이 되시도록 하고 있습니까? 베드로처럼 주님께 말씀드립시다. "주님, 주님께서는 모든 것을 아십니다."(요한 21,17) 우리는 때로 내가 모든 것을 알고 있다고 생각하며 스스로 옳고 그름을 판단합니다. 그렇지만 생각의 전환이 필요합니다. 곧 내가 다 알고 있다는 생각에서, 그분께서 나보다 더 많은 것을 알고 계신다는 사고의 전환이 필요합니다. 하느님께서 우리보다 더 좋은 계획을 가지고 계십니다. '주님, 당신께서는 모든 것을 알고 계십니다. 당신의 뜻대로 하소서'라는 마음의 태도를 지녀야 합니다. 성령께서는 이러한 믿음이 성장하도록 도와주십니다. 성령께 도움을 청하며 간절한 마음으로 기도하십시오.

예수님께서는 우리를 당신께로 부르시고 함께 있도록 하십니다. 그리고 사명을 위해 우리를 파견하십니다. 특히 교회는 가난한 사람들을 돕는 일에 관대해야 합니다. 세상에는 가난한 사람들이 정말 많습니다. 가난하고 병든 사람을 도운 이들 중에서도 성녀 마더 데레사는 무척 유명합니다. 왜 그렇습니까? 그녀는 주님을 따르는 사람으로서 해야 할 일을 했을 뿐입니다. 그런데 인도의 문화가 그녀를 특별하게 만들었습니다. 인도의 문화에서는 가난하거나 병을 앓고 있는 사람을 각별히 돕고자 하는 마음이 별로 없습니다. 왜 그런지 아십니까? 그들이 지니고 있는 믿음 때문입니다. 그들의 믿음 안에는 윤회 사상이 있습니다. 그래서 고통을 겪고 있거나 병든 사람을 보면, "저 사람은 전생에 많은 죄를 지어서 지금 고통받고 있는 거야"라고 생각합니다. 그것이 인도의 문화이며 믿음이고 영성입니다. 고통은 전생에 지은 죄로 인한 업보이기에 누구도 대신할 수 없으며, 내가 도와주면 오히려 그가 윤회의 굴레에서 벗어날 수 없다고 생각합니다. 그러니 도움은 도리어 구원을 방해하는 셈이 됩니다. 죄를 지었으면 당연히 고통을 받아야 한다고 믿는 것이 그들의 영성입니다.

문화 안의 이러한 취약점을 특별히 복음으로 정화해야 할 필요가 있습니다. 마더 데레사는 복음 정신으로 인도 문화에 녹아있던 저런 측면을 정화하는 작업을 했습니다. 이제는 힌두교도 고아원을 운영합니다. 처음에는 그런 시설이 없었습니다. 하느님의 가르침을 바탕으로, 복음이 문화의 한 측면을 정화한 것입니다.

요즘 어떤 은행도 믿을 수가 없습니다. 미국이나 유럽에서도 은행이 파산하는 경우가 있지 않습니까? 심지어 나라도 파산할 수 있습니다. 그 의미는 어느 것도 안전하지 않다는 뜻입니다. 전에는 은행을 안심하고 믿었습니다만 지금은 더 이상 아닙니다.

예수님도 은행을 갖고 계십니다. 그런데 이 은행은 언제나 믿을 수 있습니다. 우리가 하느님의 은행에 투자하면, 이자와 함께 되돌려 받을 것입니다. 예수님 은행의 이름이 무엇입니까? 바로 '가난한 사람들'입니다. 이것을 분명히 알아두십시오. 세상 끝 날까지 가난한 사람들은 존재할 것입니다. 그들을 위해 봉사하는 것이 예수님의 은행에 투자하는 것입니다.

우리 수도회는 아프리카 우간다에 보육원을 세웠습니다. 지금은 7살부터 9살까지의 어린이들 23명이 있습니다. 곧 60명이 될 것입니다. 60명을 수용할 수 있는 집이기 때문입니다. 우간다에는 제대로 돌봄을 받지 못하는 약 200만 명의 아이들이 있습니다. 이는 한쪽 부모만 있는 경우까지 포함한 숫자입니다. 아프리카에서는 아이를 많이 낳는데, 10명에서 20명까지 낳기도 합니다. 대개 10명을 낳으면 4명 정도 생존합니다. 그런데 대부분 가정에 아버지가 없습니다. 엄마 혼자 키웁니다. 아이들에게 아버지가 어디 계시냐고 물으면, 죽었다고 대답합니다. 그러나 사실이 아닙니다. 아버지가 실제로는 살아있지만, 아이들 마음 안에서 죽은 것입니다. 슬픈 일입니다. 우리 보육원은 이런 아이들 중에서 함께 살 아이들을 모집합니다. 그들을 데리고 오면 많은 문제가 일어나고, 정말 힘이 듭니다. 그 아이들은 따뜻한 사랑을 경험해 보지 못했기에 아주 공격적입니다. 아이들이 처음 보육원에 왔을 때, 제가 그들을 쓰다듬으려고 하면 도망갔습니다. 먼저 미소를 지어도 아이들은 웃지 않았습니다. 음식을 마구 먹고, 다른 행동들도 아주 거칠었습니다. 그러나 이제 여러분이 우리 보육원에 오시면, 천국을 발견하실 겁니다. 지금은 제가 아이들에게 팔을 벌리면 안깁니다. 무엇보다 아이들에게 아버지를 용서할 수 있는 힘이 생겼습니다. 더 이상 아버지가 죽었다고 말하지 않습니다.

우리는 아이들에게 음식과 잠자리를 제공하는 것뿐만 아니라, 무엇보다 예수님을 전해주었습니다. 오직 예수님만이 그 아이들에게 희망을 주실 수 있습니다. 매일 아침 7시에 다 같이 미사를 드립니다. 저녁 8시가 되면 모두 소성당에 모여 묵주기도를 바칩니다. 처음에 묵주기도를 가르칠 때, 칠판에 '성모송'을 써주면서 묵주기도 하는 법을 가르쳤습니다. 그리고 음치지만 그들에게 노래를 불러주었습니다. 제 노래가 재미있게 들렸는지, 아이들이 함께 노래하고 싶어 했습니다. 언젠가부터 그들은 저를 보면 뛰어옵니다. 그리고 저와 함께 있길 바랍니다. 아이들 마음 안에 이렇듯 사랑을 심어주신 분은 성령이십니다. 성령만이 그렇게 해주실 수 있습니다. 아이들은 웃으며 밥을 먹고, 저에게도 음식을 집어줍니다. 처음에는 아주 공격적이었고 혼자 먹던 아이들이, 지금은 서로 나누면서 먹습니다. 자기보다 더 나이 어린 아이들의 빨래도 도와줍니다.

이 보육원을 시작한 이유는 그 아이들이 예수님의 은행이기 때문입니다. 여러분, 예수님의 은행에 투자하십시오. 그러면 결코 낭비될 일이 없습니다. 이것이 마더 데레사가 한 일입니다. 우리가 예수님의 은행에 투자하면 축복을 받습니다. 투자한 것보다 훨씬 더 크게 이자까지 덧붙여 축복을 되돌려 받습니다. 하느님이시기에 이 모든 것이 가능합니다. 이것은 어떻게 설명할 수 있는 부분이 아닙니다. 믿음을 통해 삶으로 체험하는 것이기 때문입니다. 이렇게 기도하십시오. "예수님, 당신을 믿는다는 것이 무엇인지 알게 해주십시오. 우리의 믿음을 넓혀주시고 성장시켜 주십시오."

믿음은 하나님의 선물입니다. 그 선물은 이미 우리에게 주어졌습니다.

믿음과 희망

이 시간에 이야기하려는 주제는 이해하기 쉽지 않습니다. 이에 대해 강의하는 것도 쉽지 않습니다. 바로 '믿음'이라는 주제인데, 믿음은 손으로 만질 수 있는 구체적인 것이 아니라 보이지 않기 때문입니다. 반대의 경우를 예로 들자면, 술은 눈에 보이니까 쉽게 좋아할 수 있고 즐겨 마시게 되지요. 그런데 믿음은 그 자체도 보이지 않을 뿐 아니라 효과가 빨리 나타나지도 않습니다. 제가 묵주기도를 드린다고 갑자기 효력이 나타나서 성인이 되지는 않지요. 반대로 제가 마약을 하면 즉시 효과가 나타납니다. 환각 상태에 빠지고 말지요.

예수님을 직접 뵌 사도들도 우리와 마찬가지로 믿음을 이해하는 일이 쉽지 않았습니다. 예수님께서 사도들에게 말씀하셨습니다. "너희가 나를 알게 되었으니 내 아버지도 알게 될 것이다. 이제부터 너희는 그분을 아는 것이고, 또 그분을 이미 뵌 것이다."(요한 14,7) 사도들은 이 말씀을 잘 이해하지 못했습니다. 그래서 "주님, 저희가 아버지를 뵙게 해주십시오"라고 청합니다.(14,8) 그 의미는 '믿음'을 보여달라는 의미이기도 합니다. 사도들에게도 믿음은 어려운 과제였습니다. 예수님을 믿는 것은 어렵지 않았지만, 눈에 보이지 않는 아버지를 믿는 것은 어려웠습니다. 그렇지만 이미 예수님께서는 사도들에게 아버지에 대해 충분히 말씀해 주셨습니다. 곧 하느님 아버지에 대한 많은 말씀과 아버지의 사랑을 몸소 보여주셨지만, 그래도 그들은 아버지를 보여달라고 청합니다.

이것은 우리들의 문제이기도 합니다. 나름대로 열심히 신앙생활을 하고 있고 믿음을 지니고 사는 것 같은데, 어느 때는 아무것도 느끼지 못합니다. 그런 이유로 어떤 사람은 교회를 떠나기도 합니다. 믿음은 보이지는 않지만 분명히 현존하는 실체를 받아들이는 것이며, 동시에 눈에 보이는 우리의 현실과 깊이 연관되어 있는 것이기도 합니다. 과연 믿음을 무엇이라고 할 수 있겠습니까?

> 믿음은 우리가 바라는 것들의 보증이며 보이지 않는 실체들의 확증입니다. 사실 옛사람들은 믿음으로 인정을 받았습니다. 믿음으로써, 우리는 세상이 하느님의 말씀으로 마련되었음을, 따라서 보이는 것이 보이지 않는 것에서 나왔음을 깨닫습니다. 히브 11,1-3

히브리서는 믿음을 아주 명백하게 설명합니다. 믿음은 무상의 선물입니다. 믿음이라는 선물을 거저 받을 수 있는 여러 가지 방법이 있습니다. 첫째는 하느님의 말씀을 듣는 것입니다. 또 다른 방법은 성체성사와 고해성사를 통해 받는 것입니다. 그리고 기도, 자선, 성지순례 등이 있습니다.

왜 믿음이 중요할까요? 구원을 위한 필수 조건이기 때문입니다. 이 믿음은 누구에 대한 믿음입니까? 예수님에 대한 믿음입니다. 예수님이 누구십니까? 하느님의 아드님이십니다. 말씀이 사람이 되시어, 하느님의 사랑이 우리에게 환히 드러났습니다. 예수님은 하느님 사랑의 인격화입니다. 우리의 치유자이며 구원자이십니다. 어떻게 그분이 구원자가 되십니까? 구원자라는 의미가 무엇입니까? 그분은 우리를 이해해 주시는 분이기 때문에, 우리의 구원자가 되십니다. 단순히 '안다'라는 것과 '이해한다'라는 것은 아주 다릅니다.

어느 부부가 오랫동안 함께 살았는데, 40년이 되어갈 즈음에 크게 싸웠습니다. 화가 난 아내가 남편에게 소리쳤습니다. "이제 당신이 어떤 사람인지 알겠어요!"

이 의미가 무엇입니까? 남편의 잘못을 알게 되었다는, 다시 말해 남편이 실제로 얼마나 형편없는 사람인지 알게 되었다는 뜻입니다. 이것이 세상살이의 고통입니다. 나를 알아주는 사람이 없습니다. 나의 잘못에 대해선 안다고 하면서, 진정으로 나를 이해해 주는 사람은 찾기 힘듭니다. 친구에게 나의 약점을 솔직하게 이야기하면, 친구는 그것을 남에게 전하고 마는 경우도 있습니다.

참으로 우리를 알아주는, 깊이 이해해 주는 존재가 필요합니다. 그런 존재만이 우리의 구원자입니다. 구원자의 특징은 무덤 밖에서 우리를 위해 울 수 있을 뿐만 아니라, 우리를 무덤 밖으로 데리고 나올 수 있는 존재입니다. 바로 예수님께서 그러한 구원자이십니다. 왜 그렇습니까? 우리를 내면 깊이 이해해 주시기 때문입니다. 오빠 라자로를 잃은 마르타와 마리아의 고통은 그분의 고통이기도 했습니다. 예수님께서는 눈물을 흘리셨습니다. 그리고 라자로를 무덤 밖으로 불러내어 그 고통을 없애주셨습니다. 이처럼 예수님은 우리가 삶에서 겪는 모든 것을 있는 그대로 이해해 주시는 구원자이십니다. 우리가 주님께 그렇게 하시도록 허락한다면, 구원자이신 그분께서 우리에게 오십니다. 자캐오, 사마리아 여인, 니코데모 그리고 베드로를 보십시오. 예수님께서는 그들에게 구원자가 되셨던 것처럼, 우리에게도 구원자가 되십니다.

그러면 예수님이 우리의 구원자가 되는 것으로 충분할까요? 아닙니다. 예수님께서 말씀하셨습니다. "너희는 나를 기억하여 이를 행하여라."(루카 22,19) 우리는 예수님께서 우리를 이해해 주시듯, 다른 사람을 이해해 주어야 합니다.

"믿음을 더하여 주십시오. 아버지를 보여주십시오." 이것이 예수님께 드린 사도들의 청이었고, 그들의 고통이기도 했습니다. 믿음이 성장하면, 이 고통은 없어집니다. 성령강림 이후에 사도들은 더 이상 주님께 그런 청을 하지 않았습니다.

보이지 않는 분의 현존을 우리의 현실 속에서 알아보게 하는 것, 그것이 믿음의 힘입니다. 그런데 우리는 때로 왜 불평합니까? 믿음이 부족하기 때문입니다. 사실 우리 모두에게 이미 믿음은 주어졌습니다. 그렇지만 아직 충분히 성숙하지 않았습니다. 그래서 믿음이 성장하도록 기도해야 합니다. 먹을 것을 달라고 우는 아이처럼 단순하게 기도하십시오. 우는 아이에게 떡 하나 더 준다는 속담이 있습니다. 믿음을 성장시켜 달라고 간절히 청하십시오. 사도들도 그렇게 했습니다.

성령강림은 교회 안에서, 우리 안에서 계속되어야 하는 사건입니다. 우리를 이해해 주시는 분께 대한 믿음을 지니십시오. 예수님은 우리의 죄스러운 삶조차도 이해하십니다. 그분은 죄인인 우리를 위해 죽임까지 당하신 분입니다. 그래서 우리를 그토록 사랑하신 예수님을, 우리는 믿습니다. 구원을 위하여 꼭 필요한 조건은 믿음입니다.

한편 믿음은 잃음으로써 얻습니다. 믿음이 성장하려면 다른 것을 잃을 준비가 되어있어야 합니다. 만약 이스라엘 백성이 이집트의 종살이를 포기하지 못했다면, 약속의 땅을 얻고 자유를 누리지 못했을 것입니다. 그들이 약속의 땅을 꿈꿀 수는 있습니다. 그렇지만 약속의 땅이 현실로 되기 위해서는, 지금의 현실을 잃어버릴 준비를 갖추어야 합니다. 노예 생활에서 떠나 그것을 뒤에 남겨둘 준비를 해야 합니다. 다윗 역시 마찬가지였습니다. 그는 죄를 뉘우치고 옛 삶에서 떠나, 다시 하느님을 향해 새 발걸음을 뗐습니다. 그러나 사울은 그렇게 하지 못했습니다. 이것을 마음에 새기며 기도하십시오. 죄의 상태에 그대로 머물러 있으면서 믿음으로 나아가는 것은 불가능합니다. 그것을 뒤에 남겨놓고 떠나야 합니다.

우리 시력은 한계가 있습니다. 낮에는 태양을 똑바로 바라볼 수 없고, 한밤중에는 물체를 분간할 수 없습니다. 간혹 어떤 동물들은 밤에도 잘 볼 수 있습니다. 그렇지만 인간은 밤에 아무것도 명확히 볼 수 없습니다. 그러나 빛을 비추면 밤에도 또렷이 보입니다. 빛이 없다면 다만 흐릿하게 보일 뿐입니다. 우리에게는 빛이 필요합니다. 모든 이가 믿음을 찾고 있습니다. 믿음이 없다고 하는 사람도 사실은 믿음을 찾고 있습니다. 우리는 때로 삶에서 아무것도 명확하지 않다고 느낍니다. 그러기에 삶의 의미도 찾지 못합니다. 그런데 믿음이 있으면 마치 빛 속에 있는 것처럼 모든 것이 분명해집니다. 예수님과 함께라면 명확하게 볼 수 있습니다. 삶의 참된 의미를 찾게 됩니다. 예수님이 빛이시기 때문입니다.

피정 때, 한 여인이 다가와 말했습니다. "저는 죽음을 준비하기 위해서 이 피정에 왔습니다. 피정 후에 전 이 삶을 스스로 마치려고 합니다. 그런데 지옥에는 가기 싫고, 피정이 죽음을 잘 준비시켜 줄 것 같아서 왔습니다." 그녀는 자기에겐 죽음만이 마지막 희망이라고 말했습니다. 저는 그녀에게 이렇게 말해주었습니다. "당신은 죽을 수 있다는 마지막 희망을 지니고 있군요. 최소한의 희망은 지닌 것입니다. 그 희망은 아주 작은 희망이어서, 어쩌면 불이 다 꺼진 것처럼 보일지도 모릅니다. 그렇지만 작은 희망 속에 불씨가 아직 남아있습니다. 종이를 넣고 그 불길이 다시 타오르게 하십시오." 그녀는 헛웃음을 지었습니다. 제 말을 농담이라고 여기며 별로 좋아하지 않았습니다. 그러나 저는 그녀를 강복해 주었습니다. 그리고 날마다 그녀를 위해 미사 때 기억하며 기도했습니다. 마침내 피정을 마치던 날, 그녀는 미소 띤 얼굴로 다가와 말했습니다. "신부님, 이런 말씀 드리기가 좀 창피하지만, 그래도 이제는 죽지 않고 다시 살고 싶습니다."

간혹 그 여인처럼 희망을 잃어버린 그리스도인들을 만납니다. 그들은 머리로만 예수님을 알 뿐입니다. 우리는 가슴으로 예수님을 알아야 합니다. 예수님께서 그 여인에게 삶의 의미를 알려주셨습니다. 그리하여 여인은 살고 싶다는 밝은 희망을 품게 되었습니다. 예수님께 대한 믿음과 희망이 점점 성장할수록 삶의 의미도 더 커집니다.

여러분, 죽을 상황에 처했을 때 음식과 희망, 둘 중에서 하나만 선택하라고 한다면 어느 것을 선택하시겠습니까? 당연히 희망입니다. 희망을 선택하면 음식을 얻을 수 있지만, 음식은 희망을 줄 수 있는 능력이 없습니다. 희망을 잃는다는 것은 모든 것을, 궁극적으로 하느님과 심지어 자기 자신마저 잃는다는 의미입니다. 우리는 희망을 간직해야 합니다. 술은 포기해도 됩니다. 그러나 희망은 절대로 포기하면 안 됩니다. 사울은 희망을 잃었기 때문에 모든 것을 잃었습니다. 반면 다윗은 죄인이었지만 끝까지 희망을 잃지 않았습니다. 하느님께서 용서해 주시리라는 희망에 찬 믿음이 결국 그를 구원하였습니다.

생각을 다스리기

예수님에 대한 믿음은 하느님에 대한 열망을 키워주고, 하느님을 향하도록 이끌어 줍니다. 사도 바오로는 로마서 8장에서 말합니다.

> 무엇이 우리를 그리스도의 사랑에서 갈라놓을 수 있겠습니까? 환난입니까? 역경입니까? 박해입니까? 굶주림입니까? 헐벗음입니까? 위험입니까? 칼입니까? … 나는 확신합니다. 죽음도, 삶도, 천사도, 권세도, 현재의 것도, 미래의 것도, 권능도, 저 높은 곳도,

저 깊은 곳도, 그 밖의 어떠한 피조물도 우리 주 그리스도 예수님에게서 드러난 하느님의 사랑에서 우리를 떼어놓을 수 없습니다.

로마 8,35.38-39

어떤 것도 그리스도에게서 드러난 하느님의 사랑에서 우리를 떼어놓을 수 없다는 흔들리지 않는 믿음이, 모든 것을 분명하게 보게 해줍니다. 우리의 믿음을 성장시켜 나가는 것이 아주 중요합니다. 사도들도 성령강림 후에야 예수 그리스도를, 예수님이 주신 사명을, 그리고 다른 모든 것을 명확하게 보고 알게 되었습니다. 그래서 후회하지 않는 삶을 살 수 있었습니다. 그들은 예수님께 믿음을 성장시켜 달라고 청했습니다. "주님, 저희가 아버지를 뵙게 해주십시오."(요한 14,8) 우리도 이렇게 기도해야 합니다. 성모님과 함께 기도하면, 우리도 사도들처럼 성령을 받을 수 있습니다. 기도는 숨과 같습니다. 숨 쉬지 않으면 죽는 것처럼, 기도하지 않으면 영적으로 죽습니다. 우리 가운데 아무도 그러길 바라지 않을 것입니다. 영적으로 생생히 살아있기를 원합니다.

믿음을 갖고 사는 것은 참으로 중요합니다. 이 믿음은 '알지 못하는 신에 대한 믿음'(사도 17,23 참조)이 아닙니다. 당신 자신을 분명하게 계시하신 하느님께 대한 믿음입니다. 성경은 우리에게 하느님에 대해 알려줍니다. 우리에게 전해진 믿음은 이해할 수 있는 믿음이며, 우리는 이 믿음에 대한 희망을 지니고 있습니다.

자기가 믿지 않는 분을 어떻게 받들어 부를 수 있겠습니까? 자기가 들은 적이 없는 분을 어떻게 믿을 수 있겠습니까? 선포하는 사람이 없으면 어떻게 들을 수 있겠습니까? 파견되지 않았으면 어떻게 선포할 수 있겠습니까? 이는 성경에 기록된 그대로입니다. "기쁜 소식을 전하는 이들의 발이 얼마나 아름다운가!" … 그러므로 믿음은 들음에서 오고 들음은 그리스도의 말씀으로 이루어집니다. … "그들의 소리는 온 땅으로, 그들의 말은 누리 끝까지 퍼져나갔다." 로마 10,14-15.17-18

믿음은 들음에서 오며, 들음은 주님의 말씀으로 이루어집니다. 설교하는 것을 듣지 않으면, 어떻게 주님을 알 수 있겠습니까? 이스라엘 백성들이 이집트 땅을 떠날 수 있었던 이유는 모세가 자신의 형 아론의 입을 통하여 약속의 땅에 대해 명확하게 설명했고, 그 설명을 들은 백성들이 그것에 매력을 느꼈기 때문입니다. 백성들은 생각했습니다. '지금의 노예살이보다 주님께서 약속하신 땅으로 가는 것이 더 낫겠다.'

예수님의 말씀을 들으면, 우리도 노예 상태에서 벗어날 수 있습니다. 저는 지난 5년간 젊은이들을 피정 지도하면서 그들이 변화되는 것을 보았습니다. 그들은 예수님과 함께 사는 삶이 행복하다는 것을 알게 되었습니다. 그것을 보는 저도 행복합니다. 여러분, 사제들을 위해 기도해 주십시오. 사제들의 강론으로, 많은 사람을 노예 상태에서 자유롭게 할 수 있습니다.

예수님은 목자로서 우리에게 오십니다. 우리를 생명

으로 이끄시기 위해서입니다. 그렇지만 엠마오로 가던 제자들이 그분을 못 알아본 것처럼, 우리도 때로 예수님의 이끄심을 잘 알아채지 못합니다. 예수님께서 곁에서 함께 걷고 계셨지만, 두 제자는 왜 그분을 알아보지 못했습니까? 절망에 빠져있었기 때문입니다. 그들의 마음 안에 희망이 전혀 없었습니다. 그래서 예수님이 그저 낯선 사람으로 보였습니다.

가정에서도 같은 일이 일어납니다. 우리가 하느님에게서 멀어지고 희망을 잃을 때, 예수님이 다가오셔도 알아보지 못합니다. 낯선 이로 느낍니다. 아무리 그분이 좋은 이야기를 들려주셔도, 나와 상관없는 이야기일 뿐입니다. 이는 한편으로는 우리 스스로 그분에게서 낯선 자가 되는 것입니다.

간혹 어떤 사람은 주님께 대한 믿음은 없지만, 자신은 양심을 가지고 있으니 괜찮다고 말합니다. 그렇지만 양심이 늘 올바르고 완전하다고 장담할 수 없습니다. 영혼이 건강할 때는 괜찮지만, 정신력이 약해지면 모든 상황은 달라집니다. 우리는 정신력으로 삶을 이끌어 갑니다. 무엇에 머물지, 무엇으로부터 떠날지를 바르게 선택합니다. 그런데 정신력이 약해지면 나를 이끌어갈 힘을 잃고, 오히려 내 정신의 노예가 됩니다. 주객이 전도되면 안 됩니다. 하느님께서 우리에게 정신력을 주셨습니다. 마부가 말을 잘 다스려야 하듯이, 우리는 정신력을 잘 다스려야 합니다. 마부는 말이 마음대로 가게 하면 안 됩니다.

여러분, 성령을 청하십시오. 자신과 가족들을 위해서 계속 기도해야 합니다. 그물을 깊은 물에 내리십시오. 단순히 생각을 따라가는 것만으로는 충분하지 않습니다. 생각을 다스려야 합니다. 복음 정신에 따라 사고방식을 다스리십시오. 우리의 생각과 의식을 정화해야 할 필요가 있습니다. 예수님을 알기 전에 지니고 있던 것이 무엇이든, 지금 어떤 문화 안에 머물러 살고 있든, 이제는 모두 복음의 정신으로 정화되어야 합니다. 하느님의 사랑을 알기 전에는 우리 삶에 '알지 못하는 신'이 있었습니다. 곧 많은 악습이 있었습니다. 예수님께 이것을 정화해 주시도록 청합시다. 그분께서 우리를 새롭게 만들어 주실 것입니다. 이를 믿으십시오. 믿음은 우리에게 선물로 이미 주어졌습니다.

우리가 사랑하고 있다면, 하느님의 마음 안에 있는 것입니다.

쉐마

예수님께서는 "스승님, 율법에서 가장 큰 계명은 무엇입니까?"라고 묻는 율법 교사에게 이렇게 답하시지요.

"'네 마음을 다하고 네 목숨을 다하고 네 정신을 다하여 주 너의 하느님을 사랑해야 한다.' 이것이 가장 크고 첫째가는 계명이다. 둘째도 이와 같다. '네 이웃을 너 자신처럼 사랑해야 한다'는 것이다. 온 율법과 예언서의 정신이 이 두 계명에 달려있다."

마태 22,37-40

예수님께서 첫째가는 계명이라고 말씀하신 부분은, "이스라엘아, 들어라! 주 우리 하느님은 한 분이신 주님이시다. 너희는 마음을 다하고 목숨을 다하고 힘을 다하여 주 너희 하느님을 사랑해야 한다"(신명 6,4-5)를 인용하신 것입니다. 이 부분은 이스라엘 사람들에게는 그들의 신앙고백, 곧 '신경'이었습니다. 그들은 자신들의 신앙고백문을 일컬어 이를 '쉐마שְׁמַע'라고도 불렀습니다. 쉐마라는 단어의 뜻은 '듣다'라는 히브리어의 명령형입니다. 그러니까 '들어라'가 되겠지요. 사실 히브리어 원문에서는 신명기 6장 4절 첫 부분이 '쉐마 이스라엘'로 되어있습니다. 이스라엘 백성에게는 하느님의 말씀을 듣는 것이 너무나도 중요하기 때문에, 쉐마 즉 '들어라'라는 말을 문장의 맨 앞에 둔 것입니다.

이스라엘 백성의 신앙고백문인 '쉐마'의 온전한 문구는, 신명기 6장 4-9절과 11장 13-21절 그리고 민수기 15장 37-41절을 합쳐서 만들었습니다. '쉐마'는 이스라엘의 유일신 사상의 바탕을 이루는 선언으로, 그들은 회당에서 예식을 할 때도 항상 쉐마로 시작했습니다. 예수님께서는 율법 학자들과 바리사이들을 '남에게 보이기 위해 성구 갑을 넓게 만들고 옷자락 술을 길게 늘인다'(마태 23,5 참조)라고 꾸짖으신 적이 있는데, 그들은 이 성구 갑에 '쉐마'를 넣고 다녔습니다. 이스라엘 사람들에게 쉐마가 얼마나 소중한 것인지를 알 수 있지요. 예수님께서는 첫째가는 계명이, 너희가 매일 외우고 소중하게 여기는 바로 그 '쉐마'라고 하십니다. 그런데 그것을 외우고 성구 갑에 넣고 다니는 것이 중요하지 않고, 실천하는 것이 중요함을 상기시켜 주십니다.

둘째 계명, '이웃을 자신처럼 사랑하는 것'이라고 말씀하신 부분은 레위기 19장 18절에서 인용하신 것입니다. 이스라엘 사람들이 이미 잘 알고 있는 대목이지만, 예수님께서는 이웃의 범위를 확장하십니다. 그들에게 이웃은 오직 이스라엘 동포만 해당했습니다. 그렇지만 예수님께서는 루카복음 10장에서 '착한 사마리아인의 비유'를 통해 이웃은 '우리의 도움이 필요한 모든 사람'이라고 분명하게 말씀하십니다.

우리는 예수님께서 바리사이나 율법 학자들을 호되게 질책하셨기 때문에, 자칫 율법을 오해할 수 있습니다. 율법 자체를 별로 좋지 않은 것으로 여기면서 말입니다. 그런데 그렇지는 않습니다. 율법의 본질은 하느님의 말씀을 깊이 새기는 것입니다. 그러나 율법 학자들이 율법을 세분화하여 복잡한 규정을 만들고, 그 규정들을 제대로 지킬 수 없는 약한 자, 가난한 자를 '죄인' 취급하는 것이 문제였습니다.

왜 율법 학자는 그들이 너무나도 답을 잘 알고 있는 물음을 예수님께 던졌을까요? 계명에 관해 일가견이 있다고 자부하는 율법 학자가 그런 물음을 던진 속내를 헤아려 봅니다. 역사적으로 살펴볼 때, 유다인 안에는 두 가지 경향을 볼 수 있습니다. 하나는 법이나 계명을 세분화하는 것이고, 다른 하나는 세분화된 여러 율법이나 계명을 다시 몇 가지 핵심으로 압축하는 경향이지요. 세분화하는 일은 대개 율법 학자들이 하고, 본질을 담아서 압축하는 일은 주로 예언자나 유명한 라삐 등이 했지요. 모세가 받은 십계명을 613가지의 법으로 세분화했는가 하면, 그것을 다시 몇 가지로 압축하여 모으는 시도를 하기도 했습니다. 이는 구약성경 안에서도 찾아볼 수 있습니다. 몇 가지 예를 들어볼까요? 다윗은 시편 15편에서 마땅히 지켜야 할 법을 11가지로 압축합니다.

주님, 누가 당신 천막에 머물 수 있습니까?
누가 당신의 거룩한 산에서 지낼 수 있습니까?
흠 없이 걸어가고
의로운 일을 하며
마음속으로 진실을 말하는 이,
혀로 비방하러 쏘다니지 않고
제 친구에게 악을 행하지 않으며

제 이웃에게 모욕을 주지 않는 이라네.

그는 악인을 업신여기지만

주님을 경외하는 이들은 존중한다네.

손해나는 맹세라도 그는 바꾸지 않고

이자를 받으려고 돈을 놓지 않으며

무죄한 이에게 해되는 뇌물을 받지 않는다네.

이를 실행하는 이는 영원히 흔들리지 않으리라. 시편 15,1-5

한편 이사야 예언자는 여섯 개로, 미카 예언자는 세 개로 압축합니다.

의롭게 걷는 이와 정직하게 말하는 이

강압으로 얻는 이익을 업신여기는 이

뇌물을 받지 않으려고 제 손을 뿌리치는 이

살인하자는 소리를 듣지 않으려고 귀를 막는 이

악한 일을 보지 않으려고 눈을 감는 이 이사 33,15

사람아, 무엇이 착한 일이고
주님께서 너에게 요구하시는 것이 무엇인지
그분께서 너에게 이미 말씀하셨다.
공정을 실천하고
신의를 사랑하며
겸손하게 네 하느님과 함께 걷는 것이 아니냐? 미카 6,8

당시 이스라엘의 유명한 라삐들도 수많은 계명을 몇 개, 또는 하나로 압축하기도 했습니다. 힐렐이라는 라삐는 당시 법에 관해 묻는 사람들에게 이러한 말을 남겼습니다. "네가 하고 싶지 않은 것은 네 이웃에게도 하게 하지 말라. 이것이 법의 전부이다. 나머지는 다만 주석에 불과하다." 예수님께서 말씀하셨던 황금률과 비슷하지요. 또 다른 라삐 아키바는 "네 이웃을 네 몸처럼 사랑하라. 이것이 모든 법의 원칙이다"라고 했습니다. 아키바도 예수님과 같은 말을 한 것이지요. 두 라삐 모두 예수님처럼 성경을 바탕으로 삼았기 때문입니다.

율법 학자가 예수님께 와서 첫째가는 계명이 무엇인지 물은 것은, 한편으로는 예수님을 떠보거나 시험한 것일 수도 있겠지만, 다른 한편으로는 예수님을 대가로 인정하면서 가르침을 구한 것이 아닐까? 하는 생각도 듭니다.

그러면 하느님을 사랑하고 이웃을 사랑한다는 것은 구체적으로 무엇을 뜻할까요? 두려움 없이 하느님과 이웃에게 나아가는 것이 아닐까요? 성 이냐시오는 사랑은 말에 있지 않고 행동에 있다고 했습니다.

가만히 자신을 돌아보면 우리는 선뜻 이웃에게 다가가지 못합니다. 왜 그렇습니까? 상처받을까 봐 두렵기 때문이지요. 요한은 그의 서간에서 말합니다. "사랑에는 두려움이 없습니다."(1요한 4,18) 성경 전체를 관통하는 중요한 메시지 중의 하나가 바로 "두려워하지 말라" 입니다. 그렇지만 참 쉽지 않습니다. 우리가 살아가면서 말이 아닌 행동으로 사랑을 실천하려면, 거기엔 반드시 피 흘리는 아픔이 따르기 마련입니다. 우리는 때로 그것이 두려워, 사랑을 필요로 하는 이웃을 보고도 머뭇거립니다. 그러기에 '사랑'은 한편으로 '용기'이기도 합니다. 칼릴 지브란은 〈사랑에 대하여On Love〉라는 시에서 이러한 용기를, '사랑을 이해함으로써 상처받으며 기쁜 마음으로 기꺼이 피 흘리고자 하는 열망'이라고 표현합니다.

이처럼 쉽지 않음에도 불구하고 우리가 사랑할 수 있는 이유는, "하느님께서 먼저 우리를 사랑하셨기 때문"입니다.(4,19) 그러면서 요한은 "누가 '나는 하느님을 사랑한다' 하면서 자기 형제를 미워하면 그는 거짓말쟁이"라고 이어 말합니다. "눈에 보이는 자기 형제를 사랑하지 않는 사람이, 보이지 않는 하느님을 사랑할 수 없다"라는 요한의 말은 진리입니다.(4,20) 이는 예수님께서 하느님을 사랑하는 것과 이웃을 사랑하는 것이 같다고 하신 말씀에 대한, 가장 알기 쉬운 해설이기도 합니다. 언제나 잊지 맙시다. 모든 사랑은 하느님에게서 온다는 것을. 우리는 살면서 사랑하기 힘들다고 느낄 때가 많이 있습니다. 어떤 사람을 사랑하는 것은 거의 불가능하다고 여겨지기도 하지요. 그렇습니다. 사실 우리 힘으로는 불가능하지요. 그런데 하느님께서 먼저 우리를 사랑하셨다는 것을 머리가 아니라 가슴으로 깨닫고 느낄 때, 불가능해 보이던 일이 가능해집니다. 그것이 사랑의 힘이지요.

오늘 우리가 깊이 묵상해야 할 가장 중요한 점은 예수님께서 '하느님 사랑'과 '이웃 사랑', 이 두 계명을 하나로 묶으셨다는 것입니다. 이스라엘 사람들에게 '하느님을 사랑하는 것'과 '이웃을 사랑하는 것'은 별개의 내용이었습니다. 그런데 예수님께서는 이 둘이 서로 다른 것이 아니라, 같은 하나라고 말씀하십니다. 예수님께서는 이 말씀을 통해 '사람을 사랑하지 않고 하느님을 사랑할 수 있는가?'라는 물음을 우리에게 던지십니다. 그렇습니다. 이 두 계명은 다른 것이 아닙니다.

강의를 마무리하며 앞서 잠시 언급했던 칼릴 지브란의 시를 함께 나누고 싶습니다.

사랑에 대하여 On Love 중에서

사랑이 그대를 향해 오라 손짓하면, 그를 따라가라.
그가 가는 길이 가파르고 험난할지라도.
사랑이 날개를 펴서 그대를 안으면 그에게 안겨라.
날개깃 사이에 숨긴 칼로 그대에게 상처를 입힐지라도.
사랑이 그대에게 속삭일 때 그를 믿어라.
마치 북풍이 정원을 황폐하게 만들듯 사랑의 목소리가
그대의 꿈을 산산이 부서지게 하더라도.

사랑이 그대에게 왕관을 씌워줄 때가 있듯이
그대를 십자가에 못 박을 때가 있으리라.
그대를 성장하게 할 때가 있듯이

그대의 가지를 쳐낼 때가 있으리라.
그대 머리 위로 올라와서 햇살 가운데 춤추는
그대의 가장 부드러운 가지를 어루만질 때가 있듯이
대지에 뿌리 내린 그대의 발바닥까지 내려와서
그대를 온통 흔들어 놓을 때가 있으리라.

마치 곡식을 단으로 묶어 추수하듯
사랑은 그대를 묶어 거두리라.
도리깨로 두드려 그대를 벌거벗기리라.
체로 쳐서 그대의 겨를 걸러내고
맷돌로 갈아 흰 가루가 되게 하여
부드러워질 때까지 그대를 반죽하리라.
그런 다음에 거룩한 불로 그대를 구우면
그대는 비로소 하느님이 베푸는 향연에서 쓰게 될
성스러운 빵이 되리라.

사랑이 그대에게 이 모든 일을 하게 되면

그대의 가슴이 지닌 내밀한 비밀을 알게 되리라.
그것을 알게 되면 인생이 지닌 깊은 신비도 깨달으리라.

그러나 그대가 두려운 마음에
사랑이 주는 평화와 기쁨만을 추구하려 한다면
그대의 벗겨진 알몸을 가리고 타작마당을 나와
계절이 없는 세계로 들어가라.
거기서도 웃기는 하겠지만, 진정한 웃음은 아니리라.
울기도 하겠지만, 진정한 눈물도 아니리라.

사랑은 자신 외에는
아무것도 주지 않으며 아무것도 받지 않는다.
사랑은 무엇을 소유하지도 소유를 당하지도 않는다.
사랑은 사랑으로 충분한 까닭이다.

그대가 사랑을 할 때,
"하느님이 내 마음 안에 계신다"고 말하지 마라.

오히려 "내가 하느님의 마음 안에 있다"고 하라.
그대가 사랑의 여로를 이끌 수 있다고 생각하지 마라.
그대가 그럴 가치가 있다고 여기면
사랑이 그대의 여로를 이끌어 주리라.

사랑은 사랑 자체를 완성하는 것 말고는
다른 욕망이 없나니
그대가 사랑하면서도 다른 열망을 지닐 수밖에 없다면
다음이 그대의 열망이 되게 하라.
아름다운 선율로 밤에게 노래를 불러주는
흐르는 시냇물처럼 고요히 젖어 들며
다정함 때문에 겪는 아픔을 알고
사랑을 이해함으로써 상처받으며
기쁜 마음으로 기꺼이 피 흘리고자 하는 열망.
새벽에 잠이 깨면 마음을 드높여
사랑을 할 수 있는 새로운 날에 감사드리며
정오에 휴식을 취하며 사랑이 주는 황홀감에 젖고

땅거미가 질 때면 감사의 마음으로 집으로 돌아오며
마음 깊은 곳에서 사랑하는 이를 위한 기도를 드리고
입술에 찬미의 노래를 담고 잠들 수 있기를.

사랑을 말하기는 쉽지만 행하기는 참 어렵습니다. 그러기에 우리는 오늘도 겸손한 마음으로 주님의 도움을 청해야겠습니다. 주님, 당신을 그리고 이웃을 사랑하는 법을 가르쳐 주십시오.

자신을 사랑하기

이런 질문을 하는 분들이 있습니다. "신부님, 왜 성경에는 좋지 않은 일이 많이 나옵니까? 사람들이 겪는 비극이 왜 그리 많습니까?" 답은 단순합니다. 하느님께서는 그런 비극을 통해서도 우리에게 말씀하고자 하십니다. 그들의 삶이 경고합니다. 사울이 우리에게 이렇게 들려주는 것입니다. "그대들은 나의 삶을 따르지 마십시오. 나처럼 살면 파멸의 길로 들어서게 됩니다." 또는 유다가 우리에게 들려줍니다. "나에게 일어난 일이 여러분에게 일어나면 안 됩니다.”

우리는 아직도 눈을 감고 어둠 속에 머물러 있을 때가 있습니다. 하느님의 사랑에 눈을 떠야 합니다. 우리의 마음은 하느님이 필요합니다. 하느님 사랑의 특징은 당신 자신을 위해서가 아니라, 우리를 위해 사랑하시는 것입니다. 여러분, 배우자와 단지 몇 달간만 사랑하기를 원합니까? 아니지요. 죽을 때까지 계속 사랑하기를 원합니다. 하느님도 마찬가지입니다. 그분께서는 한결같이, 끝까지 사랑하기를 원하십니다. 우리보다 더 간절히 원하십니다. 왜냐하면 그 사랑이 우리를 위한 것이기 때문입니다. 하느님께서 우리를 잃어버리지 않길 바라시기 때문입니다. 그분은 우리가 당신 사랑 안에 언제나 머물러 있기를 바라십니다.

하느님께서는 그 사랑 안에 머무는 방법으로 우리에게 계명을 주셨습니다. 모세를 통해 열 개의 계명을 주셨지요. 예수님께서는 십계명을 몇 개로 압축하셨습니까? 하나라고요? 아니, 둘이라고요? 어떤 분은 셋이라고도 하시네요. 어느 것이 맞습니까?

둘이라면 그 둘이 무엇입니까? 하느님 사랑과 이웃 사랑이라고요? 맞습니다. 하나라고 하신 분도 맞습니다. 첫째 계명인 하느님 사랑과 둘째 계명인 이웃 사랑이 같다고 하셨으니까요. 이는 마치 동전의 양면과 같은 것입니다. 셋이라고 하신 분도 맞습니다. 이웃을 너 자신을 사랑하듯이 사랑하라고 하셨으니, 자기 사랑까지 셋이 됩니다.

그런데 왜 자기 사랑은 계명으로 분명하게 명시하지 않으셨을까요? 당시에는 굳이 따로 말하지 않아도, 자신을 사랑하는 것은 너무나 당연하고 자연스러운 일이었습니다. 그런데 오늘날은 이것이 점점 자연스러운 일이 아닌, 하나의 문젯거리가 되었습니다. 피정 지도를 하면서 가장 크게 마주했던 문제 중 하나가 바로 이것이었습니다. 언젠가 십 대의 소녀가 이렇게 말했습니다. “신부님, 너무 고통스러워요. 저는 저 자신을 사랑할 수가 없어요.” 그 소녀는 이미 세 번이나 낙태를 경험했고, 술과 마약에 빠져있었습니다. 그런 식으로 사는 인생에 소녀는 지쳐있었습니다. 성령을 잃어버린 삶을 살면서 너무 괴로워서, 사울처럼 스스로 생을 마치고 싶어 했습니다.

자기 자신을 사랑하는 일은 아주 중요합니다. 그런데 자신을 사랑하는 일은 하느님의 은총과 그 은총에 대한 우리의 응답으로 가능해집니다. 우리는 진정 회심해야 합니다. 우리에게 믿음을 주시도록, 새 마음과 바른 영을 주시도록 기도합시다. 주님께 이렇게 기도드리십시오. “온유하신 예수님, 당신의 마음을 제게 주십시오. 당신의 빛으로 제 텅 빈 마음을 채워주십시오.”

하느님께서는 마음이 부서진 사람을 당신 곁에 가까이 두십니다. 우리에게는 항상 희망이 있습니다. 희망을 지니지 않으면, 우리의 존엄성을 점점 잃어버립니다. 저를 찾아왔던 십 대의 소녀는 죄를 반복하다가 서서히 희망을 잃고, 절망에 빠지기 시작했습니다. 소녀는 주님에게서 멀어졌던 발걸음을 되돌려, 다시 그분께로 가까이 와야 합니다. 아직 늦지 않았습니다. 모든 것이 가능합니다. 다윗을 보십시오. 다윗은 죄인이었습니다. 그는 살인죄까지 저지른 사람입니다. 그러나 다윗은 그가 지닌 희망으로 구원을 받았습니다. 그의 희망이 모든 것을 다시 되돌려 놓았습니다.

우리도 다윗처럼 하느님께 대한 열망을 지니고 있습니다. 그 열망이 성령께서 현존하신다는 징표입니다. 우리 안에 계신 성령이 빛을 내시도록, 활동하시도록 해드려야 합니다. 우리를 향한 한결같은 하느님의 은총에 믿음과 인내로 응답해야 합니다.

어떤 사람이 아침에는 성당에 가서 미사를 드리고, 오후에는 양로원에 가서 노인들을 돌봅니다. 하느님 사랑과 이웃 사랑을 잘 실천하는 것이지요. 그런데 열심히 활동하다가 때로 지치고 허전한 마음이 들면, 정작 자신을 위해서는 무엇을 해야 할지 잘 모릅니다. 왜 이런 일이 일어납니까? 하느님 사랑과 이웃 사랑을 실천할 때, 자기 사랑도 제대로 해야 하는데 그것을 모르는 것입니다. 하느님과 이웃에게 너무 몰입하다 보니, 자신을 소홀히 하는 것입니다. 이것은 그릇된 자세입니다. 우리 자신 역시 사랑해야 합니다. 중요한 것은 우리가 행복한 것입니다. 우리가 행복해야 남에게도 행복을 전해 줄 수 있습니다. 우리가 예수님을 모시고 있으면, 현존하시는 예수님을 전해줄 수 있습니다. 우리의 지나온 삶, 그리고 앞으로의 삶을 숙고해 봅시다. 우리는 우리가 지닌 것만 줄 수 있습니다.

니네베를 찾아오신 하느님

그때에 율법 학자와 바리사이 몇 사람이 예수님께 말하였다. "스승님, 스승님이 일으키시는 표징을 보고 싶습니다." 그러자 예수님께서 대답하셨다. "악하고 절개 없는 세대가 표징을 요구하는구나! 그러나 요나 예언자의 표징밖에는 어떠한 표징도 받지 못할 것이다. 요나가 사흘 밤낮을 큰 물고기 배 속에 있었던 것처럼, 사람의 아들도 사흘 밤낮을 땅속에 있을 것이다." 마태 12,38-40

새번역 성경에서는 율법 학자와 바리사이들이 예수

님께 '표징'을 보여달라고 청하는데, 공동번역 성서에서는 이를 '기적'이라고 번역했습니다. 그리스어 신약성경 원문을 번역하면서 이런 차이가 생긴 것으로 보입니다만, 전체적인 의미상으로는 '기적'이라는 표현이 더 적절합니다. 요나가 큰 물고기 뱃속에 있었던 사건은 깊은 상징적 의미를 지닌 점에서는 표징이지만, 사건 자체는 기적이니까요. 실상 '요나의 기적'이야말로 최고의 기적을 예표하고 있는 놀라운 사건이기도 합니다. 물고기 뱃속에 있다가 사흘 만에 다시 육지로 돌아온 요나의 사건은, 예수님의 죽음과 부활을 상징적으로 예표하는 사건이기도 하니까요. 예수님께서 말씀 안에 얼마나 깊고 함축적인 의미를 담으시는지를 보며 놀라게 됩니다. 그분께서는 이미 당신의 죽음과 부활을 예감하고 계셨던 것으로 보입니다.

주님의 말씀이 아미타이의 아들 요나에게 내렸다. "일어나 저 큰 성읍 니네베로 가서, 그 성읍을 거슬러 외쳐라. 그들의 죄악이 나

에게까지 치솟아 올랐다." 요나 1,1-2

요나는 니네베에 가서 하느님의 말씀을 전하라는 명을 받습니다. 니네베는 고대 중동 지역에서 강대한 제국을 이루었던 아시리아의 수도입니다. 그러나 요나는 하느님의 명을 어기고, 당시 땅끝이라고 생각했던 타르시스로 도망을 칩니다. 그런데 그가 탄 배가 폭풍을 만나게 되었고, 요나는 그것이 자기 때문임을 알고 선원들에게 자신을 바다에 던지라고 합니다. 바다에 빠진 요나는 큰 물고기 뱃속에 사흘간 있게 되었습니다. 그 속에서 요나는 기도하며 회개하였고, 다시 육지로 돌아와 니네베에서 하느님의 말씀을 외칩니다. "이제 사십 일이 지나면 니네베는 무너진다!"(요나 3,4) 요나의 말을 믿고 니네베 사람들이 뉘우치자, 하느님께서는 심판을 거두십니다.

이방인 나그네에 불과한 요나의 외침에, 니네베 사람들이 모두 자루옷을 입고 단식하며 회개했다는 것이 참으로 놀랍습니다. 여러분, 생각해 보십시오. 요나는 이스라엘이라는 조그만 나라에서 온 나그네입니다. 반면 니네베 사람들은 최강 대국의 수도에 살고 있는 자부심 가득한 이들입니다. 니네베는 가로지르는 데에만 사흘이나 걸리는 굉장히 큰 성읍이었습니다. 당시 아시리아 수도 니네베는 오늘날 미국의 워싱턴 D.C.나 중국의 베이징에 견줄 수 있을 것입니다. 그러니 요나 이야기의 상황은 요즘에 견주어 보면 이런 겁니다. 이라크에서 온 한 나그네가 워싱턴에 가서 이라크를 침공한 미국은 회개해야 한다고 외쳤더니, 또는 티베트에서 온 한 승려가 베이징에 가서 티베트를 침략하여 합병시킨 중국은 회개해야 한다고 외쳤더니, 시민들이 모두 회개의 표시로 자루옷을 입고 단식을 하는 것과 같습니다. 이것이 상상이 됩니까? 이것은 정말 놀라운 기적이 아닐 수 없습니다.

사실 요나 입장에서 니네베는 분명 원수의 도시입니

다. 아시리아가 북이스라엘을 멸망시켰기 때문입니다. 그렇지만 요나서를 읽을 때, 시대 배경뿐 아니라 상징적인 의미 역시 제대로 알고 읽어야 합니다. 요나서에 나오는 니네베는 실상 아시리아의 수도 니네베가 아닙니다. 요나서 저술 시대에 이미 니네베는 존재하지 않았으니까요. 해가 저물지 않을 줄 알았던 니네베도 기원전 612년 메디아와 바빌론에 의해 완전히 폐허가 되고 말았습니다. 요나서는 그 후 상당한 시간이 지난 다음에 쓰인 이야기입니다. 그러므로 요나서의 니네베는 상징적인 의미를 지닌 도시입니다.

독일의 신학자인 루돌프 슈테르텐브링크 신부는 '니네베'가 단지 요나서뿐만 아니라, 인간이 존재하는 한 반드시 존재한다고 역설합니다. 그렇습니다. 니네베는 오늘날 세계 곳곳에 존재하고 있습니다. 다른 나라 또는 다른 민족과 더불어 살려고 하지 않고, 자기 욕심이나 자국의 이익만을 추구하는 곳은 어디에나 있기 때문입니다. 강자라는 이유만으로 약자를 무시하고 억압

하며, 자신의 이익을 위해서 남을 수탈하는 곳이 바로 니네베입니다.

이어 루돌프 신부는 니네베를 우리 주변과 내면에까지 의미를 더 심화시킵니다. 이웃과 어울려 살지 못하고, 악의와 미움과 폭력으로 자기들만 군림하려고 하는 집단이 있다면 그곳 또한 니네베입니다. 니네베는 이기적인 욕망을 채우기에 급급하면서, 하느님 그리고 이웃과 나누는 사랑의 충만함을 잃어버린 곳이기도 합니다. 한편, 니네베는 외부에만 있는 것이 아닙니다. 니네베는 우리 자신 안에도 있습니다. 예수님께서는 이렇게 말씀하셨습니다. "안에서 곧 사람의 마음에서 나쁜 생각들, 불륜, 도둑질, 살인, 간음, 탐욕, 악의, 사기, 방탕, 시기, 중상, 교만, 어리석음이 나온다. 이런 악한 것들이 모두 안에서 나와 사람을 더럽힌다."(마르 7,21-23) 우리는 어떻습니까? '나는 어디에 있는가? 하느님 나라에 있는가 아니면 니네베에 있는가?'라는 질문을 솔직하게 자신에게 던져 봐야 합니다.

이런 의미에서 요나 이야기는 니네베라는 고대의 구체적인 한 도시가 아닌, 우리의 이야기이기도 합니다. 과거이든, 현재이든 또는 그곳이 어디이든 니네베에는 사랑과 평화가 없습니다. 그리고 미래에 대한 희망도 없습니다. 그렇기 때문에 하느님께서는 우리를 위해서 요나를 보내십니다.

그렇지만 요나는 하느님이 못마땅했습니다. 그는 니네베에 대한 미움을 버리지 못합니다. 요나가 주님을 피하여 타르시스로 달아나려고 한 이유가 무엇입니까? 요나는 원수의 도시 니네베로 가서 회개하라고 외칠 마음이 조금도 없었습니다. 그들이 행여 뉘우쳐서 하느님의 용서를 받는 꼴을 보고 싶지 않았던 것입니다. 하느님께서는 이런 요나의 어리석음을 깨우쳐 주시고, 그에게 당신의 사랑을 알려주십니다. 우리도 살면서 요나와 비슷한 마음을 품은 적이 누구나 한 번쯤은 있을 것입니다. 그러기에 요나는 예수님의 죽음과 부활을 예표하는 상징적 인물이면서도 동시에 가장 평범한 우리

인간을 대표하는 인물이기도 합니다.

요나서가 우리에게 들려주는 메시지는 단순히 니네베나 요나, 그리고 우리의 회개만이 아닙니다. 요나를 통해, 또 하나의 요나이면서 동시에 니네베 사람이기도 한 우리에게 보여주시는 '하느님의 사랑'입니다. 물론 회개도 요나 이야기의 주제 중 하나이지만 회개보다는 하느님의 사랑이 이 이야기의 더 큰 주제입니다. 하느님은 요나의 눈에 가망이 없어 보이는, 죄로 가득 찬 니네베 사람들에게도 바른길, 살길을 알려주십니다. 요나를 니네베로 보내심으로써 그들이 참된 삶으로 돌아서도록, 현세의 욕망을 만족시키는데 골몰하기보다 영원한 행복을 누릴 수 있도록 이끌어 주십니다. 우리는 원수인 니네베 사람들이 망하기를 바라지만 하느님은 다르십니다. 그것이 요나나 우리에게는 몹시 못마땅하지만, 하느님은 우리와 다른 분이라는 사실을 분명히 알아두어야 합니다.

이러한 하느님의 사랑이 오늘을 사는 니네베 사람인 우리 자신에게, 그리고 이웃에게 전해야 할 복음입니다. 우리는 하느님만이 진정한 행복을 가져다주시는 분임을 알아야 합니다. 그런데 하느님께서는 우리의 행복만 원하시는 것이 아닙니다. 우리가 미워하는 그 사람의 행복도 원하십니다.

진정으로 행복한 삶을 살기 위해서는 니네베를 찾아오시는 하느님을 맞아들여야 합니다. 우리 안에 있는 미움과 거짓, 질투와 악의를 버리고 대신 사랑의 자리를 마련하십시오. "원수를 사랑하여라"(마태 5,44)는 예수님의 말씀은 강조법이 아니라, 있는 그대로의 진리임을 깊이 받아들이십시오. 하느님을 하느님으로서 대하고 모시는 것, 사랑이신 그분을 언제나 우리 삶의 첫 자리에 두어야 합니다.

우리가 삶에서 겪는 빛과 어둠의 경험은 그 모두가 은총의 통로입니다.

은총의 순간

그분께서 나를 쓴나물로 배불리시고 쓴흰쑥 물을 마시게 하셨네. … 그래서 나는 말하였네. "나의 영광과 주님께 걸었던 나의 기대는 사라져 버렸구나." 내 고통과 내 불안을 생각함은 쓴흰쑥과 독초와 같은데도 내 영혼은 생각을 거듭하며 안에서 녹아내리네. 하지만 이것을 내 마음에 새겨 나는 희망하네. 주님의 자애는 다함이 없고 그분의 자비는 끝이 없어 아침마다 새롭다네. 당신의 신의는 크기도 합니다. "주님은 나의 몫, 그래서 나 그분께 희망을 두네" 하고 내 영혼이 말하네. 애가 3,15.18-24

여기서 두 가지 생각을 볼 수 있습니다. 부정적인 생각과 긍정적인 생각입니다. 첫 단락에서 서술한 생각은 부정적입니다. 우리는 삶에서 어려움을 경험하면서 부정적인 생각을 가질 수 있습니다. 아무도 우리를 도와줄 수 없는 상황에 처하게 되면, 부정적인 생각에 빠져 자신 안에 갇혀 버리곤 합니다. 마음이 슬퍼지고 깊은 절망감을 느낍니다.

두 번째 단락은 긍정적인 생각입니다. 하느님의 사랑을 느끼며, 그 사랑이 매일 우리 삶을 새롭게 해 주심을 믿습니다. 하느님께 대한 희망을 품고 있습니다. 여기에서 가장 중요한 것은 희망입니다. 부정적인 생각은 절망으로 이끌지만, 긍정적인 생각은 희망으로 나아가게 합니다.

우리는 보통 상반되는 두 가지 생각을 함께 지니고 있습니다. 가끔은 부정적인 생각으로 슬픔에 빠지고, 희망을 잃어버립니다. 우리에게 어떤 좋은 일도 생기지 않는다고 생각합니다. 그것이 자신뿐 아니라 나아가 다른 사람들도 망가뜨립니다. 잘못된 선택을 하면서 점점 더 절망의 나락으로 추락합니다.

한편 긍정적인 생각은 우리를 희망으로 북돋습니다. 하느님의 사랑을 떠올립니다. 그 사랑은 우리를 날마다 새롭게 합니다. 하느님과 함께라면 다시 새로운 삶을 시작할 수 있습니다. 우리는 긍정적인 생각으로 부정적인 생각을 넘어서야 합니다. 하느님의 사랑 안에서, 부정적인 생각을 긍정적인 생각으로 변화시켜야 합니다. 이것이 우리의 묵상 주제입니다.

하느님께서는 긍정적인 경험을 통해서만 우리에게 오십니까? 아닙니다. 부정적인 경험을 통해서도 오십니다. 그분은 악에서도 선을 끌어내실 수 있습니다. 이것은 진리입니다. 우리의 모든 경험을 통해서, 하느님께서는 우리에게 오십니다.

예를 들어 모세의 삶을 떠올려 봅시다. 모세는 태어나기 전부터 죽을 운명이었습니다. 왜 그랬습니까? 이집트 임금 파라오의 결정 때문이었습니다. 파라오가 '히브리인들에게서 태어나는 아들은 모두 강에 던져라'는 명령을 내린 것입니다.(탈출 1,22 참조) 모세의 어머니는 아들이 태어나자, 석 달 동안은 아기를 숨겨 길렀습니다. 아기가 울면 들킬까 봐 조바심을 내며 어르고 달랬을 것입니다. 그러나 더 이상 숨겨서 키울 수 없게 되자, 어머니는 아기를 왕골 상자에 넣어 나일강에 띄웁니다. 이것은 고통스러운 경험입니다. 그런데 하느님께서 이 부정적인 삶의 경험을 은총의 통로로 사용하십니다. 마침 목욕하러 강으로 내려온 파라오 딸의 눈에 이 왕골 상자가 보입니다. 공주는 불쌍한 마음이 들어 아기에게 살길을 마련해 줍니다. 버려진 삶이 은총으로 바뀌는 순간입니다. 강에 버려진 것은 분명 부정적인 경험이지만, 하느님께서는 그 경험을 통해서도 무엇인가를 하십니다. 당신의 구원 계획을 이어가십니다.

또한 후에 모세가 이스라엘 백성을 이끌고 이집트에서 탈출하여 약속의 땅을 향하던 중, '마라'라는 곳에 다다랐을 때의 일입니다. 모두 목이 말랐지만, 그곳의 물이 써서 마실 수가 없었습니다. 백성은 모세에게 불평하였고, 모세는 주님께 부르짖었습니다. 그러자 주님께서는 한 나무를 보여주십니다. 모세가 그 나뭇가지를 물에 던지자, 쓴 물이 단물이 되었습니다. 마라의 쓴 물이 단물로 바뀌었듯이, 우리의 부정적인 삶의 경험도 긍정적인 경험으로 바뀔 수 있습니다. 그러기 위해서는 우리에게도 하느님께서 주신 나뭇가지가 필요합니다. 그 나뭇가지로 우리 삶이 변화될 수 있습니다. 변화된 사람으로서, 요한 묵시록에서 말하는 '새 하늘'과 '새 땅'을 이미 지상에서부터 살게 됩니다.

한편 구약에서 요셉의 삶 역시 마찬가지입니다. 형제들은 아버지 야곱의 편애를 받던 요셉을 시기하여, 그를 빈 구덩이에 던져버렸습니다. 그리고 이스마엘인들에게 요셉을 팔아넘깁니다. 그래서 요셉은 이집트로 끌려갑니다. 이것은 너무나도 부정적인 경험입니다. 그런데 하느님께서는 요셉이 팔려 가는 이 부정적인 경험을 통해서, 이스라엘 집안을 살리시려는 당신의 계획을 이루십니다. 주님께서는 요셉을 돌보시어 이집트의 재상 자리에 오르게 해주십니다. 아버지 야곱과 요셉의 형제들은 극심한 기근 때 그에게서 양식을 얻고, 온 가족이 요셉 덕분에 목숨을 구합니다. 요셉처럼 우리가 진정 하느님께 대한 신뢰를 지니면, 남들이 퍼붓는 저주조차도 은총을 체험하는 수단으로 사용될 수 있습니다. 하느님께서 우리 삶에 나뭇가지를 담그시면, 부정적이고 고통스러운 경험이 긍정적으로 바뀝니다. 하느님께서 우리와 함께 계시면서 바꾸어 주십니다.

하느님의 활동

우리가 죄를 지은 후, 회개의 눈물을 흘리며 뉘우치면 하느님께서는 어떻게 하실까요? 하느님은 그 죄를 자루에 담아 꽁꽁 묶어서 깊은 바다에 던져 버리십니다. 그리고 그분께서는 우리가 드리는 통회의 눈물을 당신의 컵에 담아 모으십니다. 여러분, 우리의 눈물은 그냥 낭비되지 않습니다. 하느님께서 모두 다 헤아리십니다. 때로는 삶의 아픔 때문에 눈물을 흘리기도 합니다. 주님께서는 그런 우리 삶에 함께하시고자 은총의 통로를 마련하십니다. 그러면서 우리에게 불이익으로 여겨지던 것이, 오히려 이익으로 바뀔 수도 있습니다. 하느님께서 우리의 눈물을 보시고 은총을 베푸시면, 쓴 물이 단물로 변화됩니다.

하나의 예를 들어 보겠습니다. 어떤 사람이 당나귀를 길렀습니다. 그 당나귀는 열심히 일했습니다. 주인은 당나귀로 짐을 운반하는 일을 했고, 당나귀는 읍내까지 하루 서너 번이나 짐을 날랐습니다. 당나귀가 부지런히 일한 덕분에 주인은 돈을 많이 벌었습니다. 그런데 세월이 흐르자, 당나귀는 늙어서 짐을 많이 나를 수 없게 되었습니다.

어느 날 저녁 마을로 돌아오다가, 당나귀가 집 가까이에 있는 우물에 빠지고 말았습니다. 그 우물은 말라 버려서 더 이상 아무런 소용이 없는 우물이었습니다. 일꾼들은 당나귀가 우물에 빠진 것을 주인에게 알렸습니다. 그런데 그 말을 들은 주인이 이렇게 말했습니다.

"그 당나귀는 너무 늙어서 이제는 쓸모없고 우물도 말라버려 거추장스러우니, 당나귀를 굳이 꺼내지 말고 차라리 우물을 흙으로 메워 당나귀의 무덤이 되게 하는 것이 좋겠다."

그래서 일꾼들은 우물을 메우기 시작했습니다. 흙과 작은 돌들이 당나귀 위로 쏟아져 내렸습니다. 당나귀는 너무 고통스러워서 뛰기 시작했습니다. 그러자 마구잡이로 쏟아진 흙이 다져지고 바닥이 조금씩 평평해지면서, 덕분에 결국 당나귀는 그것을 딛고 밖으로 나올 수 있었습니다. 주인의 결정은 그 당나귀를 포기하고 우물을 흙으로 메우는 것이었습니다. 그런데 당나귀는 자기를 죽이려고 퍼붓는 그 흙을 딛고 나왔습니다. 당나귀에게 불리하게 내려진 결정이 오히려 이익이 되었습니다.

잠시 가족과의 관계를 돌아봅시다. 나는 밤늦게까지 일하면서 가족을 위해 많은 것을 하는데, 가족은 나의 노고를 전혀 알아주지 않아서 때로 상처를 받기도 합니다. 그런데 우리가 인간적으로만 생각하면 상처를 입지만, 예수님을 우리 안에 모시면 치유가 일어납니다. 우리에게 부당하게 느껴지는 일들이 오히려 도움이 될 수 있습니다. 하느님의 능력에 의탁하면서 희망을 잃지 않아야 합니다.

당나귀 이야기가 좋은 예입니다. 누군가 우리에게 흙과 돌을 던지면, 그것을 이용하여 거기서 빠져나올 수 있습니다. 도리어 그것을 부정적 경험에서 벗어나는 도구로 사용할 수 있습니다. 하느님을 믿는 이는 어느 경우에든 결코 혼자가 아닙니다. 그런데 우리는 삶에서 어려움과 마주치면, 곧 절망에 빠지고 맙니다. 다른 사람이 우리에게 어떤 잘못을 할 수 있습니까? 최악의 경우는 우리를 십자가에 못 박는 것입니다. 예수님께서 이 최악의 경우를 맞으셨습니다. 사람들은 예수님을 없애기 위해 많은 시도를 했고, 마침내 십자가에 못 박은 후 그분의 죽음으로 만족했습니다. 그들은 드디어 예수님을 지상에서 완전히 멸망시켰다고 여겼습니다.

그들의 생각이 맞았습니까? 아닙니다. 그들이 예수님의 삶에 가한 불이익이 오히려 이익이 되었습니다. 인간이 활동을 멈춘 그곳에서, 하느님께서 활동을 시작하십니다. 인간들은 예수님의 죽음에서 멈추었습니다. 하지만 하느님께서 기다리고 계셨습니다. 인간이 멈춘 바로 거기서 시작하시기 위해서였습니다. 그리고 하느님께서는 예수님을 죽음에서 부활로 이끄셨습니다.

성경에서 다른 예를 얼마든지 찾아볼 수 있습니다. 앞서 잠시 말씀드렸던 모세 어머니의 삶을 다시 봅시다. 처음에는 갓난아기를 숨기기 위해 안간힘을 썼습니다. 그러나 더 이상 숨길 수 없게 되자, 하느님의 손에 내맡겼습니다. 그동안 자기가 할 수 있는 일은 다 했지만, 더는 불가능해지자 거기서 활동을 멈추었습니다. 바로 그곳에서 하느님께서 당신의 활동을 시작하십니다. 아름답지 않습니까?

우리는 이렇게 말하고는 합니다. “예수님, 제가 열심히 기도했고, 성지 순례도 다녀왔고, 봉사활동도 많이 했습니다. 그런데 왜 저를 도와주지 않으십니까?” 예수님께서 도와주시지 않는다고 느낀다면, 왜 그럴까요? 그것은 우리 활동과 우리 마음이 하느님 안에서 서로 연결되어 있지 않기 때문입니다. 우리는 너무 많은 생각을 하고, 지나치게 많은 활동을 합니다. 그런데 마음은 하느님께 내어드리지 않습니다. 마치 기계처럼 활동하는 것입니다. 그러면서 정작 하느님께서 활동하실 여지를 드리지 않습니다. 우리가 하는 일을 멈추어야, 하느님께서 일하십니다. 우리의 지식이나 능력에는 한계가 있음을 인정하고 나 홀로 머리를 쓰거나 활동하는 것을 멈출 때, 하느님께서 기적을 베푸십니다. 기적을 보고 싶다면, 우리의 활동을 멈추어야 합니다. 우리가 멈추는 그곳에서 하느님께서 활동을 시작하십니다.

우리 삶을 돌아보십시오. 예수님께서 우리를 돕기 위

해 오셔도, 우리는 예수님께 잠시 기다리시라고 말합니다. 제가 할 수 있는 것 하나만 더 해보고, 그것이 안 되면 그때 도와달라고 합니다. 또는 내일 오셔서 도와달라고 합니다. 그러면 너무 늦습니다.

바로 오늘, 하느님께서 우리 삶의 주인이 되시도록 해드려야 합니다. 하느님께서 우리의 나날을 이끌어 가시도록 내어 맡기면 우리도 나일강에서 건져지는 기적을 체험하게 됩니다.

언제나 함께

어느 날 저와 면담하신 분이 이런 말씀을 나누어 주셨습니다. "나뭇잎 하나에도 우주가 들어있는 것이 아닐까요?" 그분은 가을에 떨어지는 나뭇잎을 바라보며 문득 그런 생각이 들었다고 하셨지요. 그 말씀이 깊이 제 마음에 와닿았습니다. 참으로 놀라운 깨달음이라고 생각했습니다.

여러분, 이제 우리는 욥기를 보려고 합니다. 그중에서도 욥기 38장부터 42장은 하느님과 인간 그리고 세상의 모든 것이 다 들어있는 우주의 축소판이라는 생각이 듭니다. 욥기는 인생의 모든 물음이 담겨 있는 책입니다. 특히 인간이 풀지 못하는, 계속 의문을 가지는 문제, 곧 '왜 무죄한 사람에게 불행한 일이 일어나는가?'라는 물음이 담겨 있습니다. 욥이 바로 그 불행을 겪은 이였기 때문입니다.

> 우츠라는 땅에 한 사람이 있었는데 그의 이름은 욥이었다. 그 사람은 흠 없고 올곧으며 하느님을 경외하고 악을 멀리하는 이였다.
>
> 욥 1,1

욥은 이렇듯 하느님을 신실하게 섬기던 이였습니다. 그러던 어느 날, 그는 갑자기 모든 재산과 자식들을 잃어버리고 심지어 온몸에 고약한 부스럼까지 생깁니다. 욥을 찾아온 친구들은 그에게 '인과응보'를 이야기하며 회개하도록 충고합니다.

생각해 보게나, 죄 없는 이 누가 멸망하였는가? … 내가 본 바로는 밭을 갈아 불의를 심은 자와 재앙을 뿌린 자는 그것을 거두기 마련이라네. … 자, 이제 그분과 화해하여 평화를 되찾게. … 그분 입에서 나오는 가르침을 받아들이고 그분의 말씀을 마음에 새겨 두게. 자네가 전능하신 분께 돌아오면 회복될 걸세. 자네 천막에서 불의를 치워 버린다면 말일세. 욥 4,7-8;22,21-23

그렇지만 처음부터 끝까지 욥은 자신의 무고함과 성실함을 주장합니다.

나의 권리를 박탈하신 하느님께서 살아계시는 한, 내 영을 쓰라리게 하신 전능하신 분께서 살아계시는 한, 나에게 목숨이 붙어 있는 한, 하느님의 숨이 내 코에 있는 한, 맹세코 내 입술은 허위를 말하지 않고 내 혀는 거짓을 이야기하지 않으리라. 나는 결단코 자네들이 정당하다고 인정할 수 없네. 죽기까지 나의 흠 없음을 포기하지 않겠네. 나의 정당함을 움켜쥐고 놓지 않으며 내 양심은 내 생애 어떤 날도 부끄러워하지 않으리라. 욥 27,2-6

그는 울고 절규하고 분노했습니다. 절망하면서 영혼의 고뇌에 빠졌습니다. 몸과 마음이 모두 지칠 대로 지쳤습니다. 그는 '왜 고통 속에서 하느님은 아무 말씀도 하지 않으시는가? 이런 상황에서 침묵을 지키시다니, 이것은 부당한 것이 아닌가?'라고 묻습니다. 욥이 가장 두려워한 질문은 '하느님이 정말 자기를 버리셨는가?'라는 물음이었지요.

오늘도 나의 탄식은 쓰디쓰고 신음을 막는 내 손은 무겁기만 하구려. 아, 그분을 어디에서 찾을 수 있는지 알기만 하면 그분의 거처까지 찾아가련마는. … 그분께서는 그 큰 힘으로 나와 대결하시려나? 아니, 나에게 관심이라도 두기만 하신다면. 그러면 올곧은 이는 그분과 소송할 수 있고 나는 내 재판관에게서 영원히 풀려나련마는. 그런데 동녘으로 가도 그분께서는 계시지 않고 서녘으로 가도 그분을 찾아낼 수가 없구려. 북녘에서 일하시나 하건만 눈에 뜨이지 않으시고 남녘으로 방향을 바꾸셨나 하건만 뵈올 수가 없구려. 욥 23,2-3.6-9

욥은 하느님이 어디 계시냐고 외칩니다. 앞으로 가 보아도 계시지 않고, 뒤를 돌아보아도 보이지 않습니다. 그는 침묵과 고독 속에서 하느님께 실망하며, 그분이 자기를 버렸다고 생각했습니다. 욥은 하느님께서 그의 믿음을 입증하고자 사탄과 내기를 하신 것을, 다시 말해 욥을 시험에 두신 것을 몰랐습니다.(욥 1,6–12; 2,1–6 참조)

욥은 사실 우리 자신이기도 합니다. 우리 역시 욥처럼 믿음의 여정을 걸어가지요. 믿음의 순례란 환히 보이는 길을 가는 여정이 아닙니다. 욥이 시련과 어둠 속에 있다는 사실은 매우 중요합니다. 그는 어둠 속에서도 신뢰를 잃지 않으려고 애쓰는, 우리 모두를 상징하고 있으니까요.

주님께서 욥에게 폭풍 속에서 말씀하셨다. 욥 38,1

그런데 이제 하느님이 '폭풍 속에서' 대답하십니다. 욥에게 응답하시는 것입니다. 이것이 욥기가 우리에게 들려주는 가장 중요한 점입니다. '주님께서 말씀하신다.' 하느님은 당신을 스스로 나타내 보이십니다. '계시'이지요. 계시라는 말의 어원은 '드러나다, 열어 밝히다'라는 뜻의 동사에서 비롯합니다. 감추어진 것을 드러나게 하여 환히 보여준다는 뜻이지요.

폭풍은 하느님이 당신을 드러내고자 하실 때의 적절한 배경입니다. 그분께서는 우리 마음을 끌면서도 두려운 모습으로 신비롭게 자신을 드러내십니다. 그분은 '약속을 기억하시는 분' 그리고 '말씀하시는 분'입니다. 아브라함에게 변함없는 돌봄과 사랑을 약속하셨던 하느님께서 이제 욥에게 응답하십니다.

우리도 삶에 어둠이 드리우면 하느님이 계시지 않는 것처럼 느껴질 때가 있습니다. 욥처럼 신앙을 시험받는 우리 모두에게 욥기 38장이 주는 확신은, '하느님께서 말씀하신다'는 진리입니다. 사실 하느님은 늘 욥과 함께 계셨습니다. 그분은 '임마누엘'이십니다. 하느님께서는 처음부터 끝까지 우리와 함께 계십니다. 이것이 성경 전체에서 가장 중요한 메시지입니다. 그분은 인격적으로 우리를 만나주시고 말씀을 건네십니다. 당신 자신을 우리에게 알려주십니다.

> 너는 평생에 아침에게 명령해 본 적이 있느냐? 새벽에게 그 자리를 지시해 본 적이 있느냐? … 너는 바다의 원천까지 가 보고 심연의 밑바닥을 걸어 보았느냐? 죽음의 대문이 네게 드러난 적이 있으며 암흑의 대문을 네가 본 적이 있느냐? 욥 38,12.16-17

여러분, 하느님이 욥에게 건네시는 말씀을 들으면서 어떤 느낌이 드십니까? 주님의 말씀이 계속 이어집니다. 별자리들을 제시간에 이끌어 낼 수 있느냐? 누가 짐승들에게 먹이를 장만해 주느냐? 등등…. '하느님이 왜 하늘과 별과 짐승들에 대해 말씀하시는가?'라는 물음이 떠오릅니까? 하느님의 이 말씀은 욥의 무례함과 어리석음을 보여주심으로써 욥을 부끄럽게 하려고 건네시는 말씀이 아닙니다. 그 어조에는 부드러우면서도 강한 힘이 담겨 있고, 마치 초등학교 선생님이 아이의 이해를 돕기 위한 물음과도 같습니다.

하느님은 욥에게 당신과 동행하도록 초대하십니다. 그리고 당신이 창조하신 세계의 아름다움과 질서를 바라보며 경이로움을 느끼도록 이끄십니다. 한 마디로 "보고, 놀라워하라"고 말씀하십니다.

"바다를 보라. 바다에 빗장과 대문을 세운 것은 나였다. 빛과 어둠, 눈과 우박, 비와 번개, 이것들을 보느냐? 나와 함께 돌아다니며 내가 지은 이 아름다운 세상을 즐기고, 그 모든 것에 경이로움을 느껴라. 짐승들을 생각해 보아라! 암사자와 산양, 어리석은 새 타조를 보아라. 갈기를 휘날리며 달리는 말, 매와 독수리를 보아라. 욥아, 나를 따라다니면서 이것들을 보아라. 보고 경탄하여라. 그것들을 즐기어라. 모든 피조물이 있는 그대로의 모습으로 저마다의 자리에서 나 하느님을 찬양하는 소리를 들어라."

여기에서 하느님의 해학이 드러납니다. 하느님은 유

머가 풍부하신 분입니다. 타조는 강함과 어리석음이 뒤섞인 역설을 보여주며, 욥의 모습을 상징하기도 합니다. 무엇보다 하느님께서는 세상의 놀라운 질서와 오묘한 신비를 보여주시면서, 욥에게 자기 자신에게서 주의를 돌려 자신이 겪는 불행에 머물지 말고, 모든 것을 지으시고 생명을 주신 하느님과의 관계 안에서 자기를 보도록 이끌어 주십니다. 하느님께서는 욥에게 궁극적인 물음을 던지십니다. "욥, 도대체 네가 누구냐?"

하느님께서는 모든 것을 창조하신 후, "보시니 … 참 좋았다"(창세 1,31)고 말씀하셨는데 이제 욥에게 그것을 다시 상기시켜 주십니다. 인간이 인간을 대하는 방법과 하느님께서 인간을 대하시는 방법이 얼마나 다른지요! 욥의 세 친구는 모두 욥에게 설교하려고만 했습니다. 그런데 그들의 말이 욥에게 위로가 되었습니까? 고뇌에 빠진 사람에게 설교를 하거나 잘못된 행동을 지적하는 것은, 고통을 덜어내는 데 그다지 도움이 되지 않습니다. 반면 하느님께서는 욥의 친구들과 달리, 욥과 함께 걸으시면서 그가 당신과의 관계 안에서 세상과 자신을 바라보게 해주십니다. 하느님의 모습은 우리가 절망에 빠진 사람들에게 어떻게 해야 좋을지 생각하게 만듭니다.

> 사내답게 허리를 동여매어라. 너에게 물을 터이니 대답하여라. 네가 나의 공의마저 깨뜨리려느냐? 너 자신을 정당화하려고 나를 단죄하려느냐? 네가 하느님 같은 팔을 지녔으며 그와 같은 소리로 천둥 칠 수 있느냐? 존귀와 엄위로 꾸미고 존엄과 영화로 옷을 입어 보아라. 너의 그 격렬한 분노를 쏟아부어라. 교만한 자는 누구든 살펴 그를 낮추어 보아라. 교만한 자는 누구든 살펴 그를 꺾고 악인들은 그 자리에서 짓밟아 보아라. 욥 40,7-12

이것이 욥에게 하신 말씀의 핵심입니다. 욥은 하느님에 대해 새롭게 배우고 있습니다. 그는 주님께서 '내가 아는 하느님을 넘어서는 하느님'이심을 깨닫게 됩니다. 그분은 우리의 논리로 다 알아들을 수 있는 분이 아닙니다. 이성이 필요 없다는 말이 아닙니다. 욥기는 단지 이성만으로는 하느님의 방식을 이해할 수 없다는 사실을 일깨워 줍니다.

프랑스의 유명한 철학자인 파스칼은 예수 그리스도의 인격 안에 '감추어진' 하느님을 체험했습니다. 그 경험은 그에게 다가올 미래의 모든 삶을 새롭게 이끌어 간, 빛의 순간이었다고 회고합니다. 그 영적 체험을 담은 양피지 조각이 파스칼의 사후에 그가 입었던 옷에서 발견되었습니다. 그 조각에 쓰인 글 중에는 이런 내용이 있었습니다. "철학자들과 학자들의 하느님이 아니라 아브라함의 하느님, 이사악의 하느님, 야곱의 하느님. 확신. 확신. 마음 깊은 곳으로부터 우러나오는 기쁨과 평화. 예수 그리스도의 하느님, 예수 그리스도의 하느님, 나의 하느님이자 당신의 하느님." 파스칼은 철학적 논증의 결론으로 얻은 하느님이 아니라, 욥처럼 인격적인 만남을 통해서 살아계신 하느님을 체험하였습니다.

하느님은 당신 자신을 논리적인 증명을 통해 계시하

지 않으십니다. 하느님은 자비롭고 인격적인 만남을 통해 당신의 존재를 알리시며, 우리 역시 그분께 인격적인 응답을 드리기를 바라십니다.

세상에는 인간의 논리로 풀 수 없는 문제들이 있다는 사실을 욥기는 말해줍니다. 또한 하느님의 여러 모습 곧 '살아계신 하느님', '우리와 함께 계시는 하느님' 그리고 예수회 제럴드 휴즈 신부의 책 제목처럼 '놀라우신 하느님'을 보여줍니다. 한편 주님께서는 우리가 그분의 부재를 느끼게 하심으로써 당신 자신을 알리시는, '감추어진 하느님'이시기도 합니다. 욥기는 우리의 논리적인 결함, 삶에서 겪는 불합리와 온갖 의문 그리고 신앙의 갈등을 통해, 살아계신 하느님께서 이끄시는 빛 가운데로 나아가도록 우리를 초대합니다.

저는 알았습니다. 당신께서는 모든 것을 하실 수 있음을, 당신께는 어떠한 계획도 불가능하지 않음을! 당신께서는 "지각없이 내

뜻을 가리는 이자는 누구냐?" 하셨습니다. 그렇습니다, 저에게는 너무나 신비로워 알지 못하는 일들을 저는 이해하지도 못한 채 지껄였습니다. 당신께서는 "이제 들어라. 내가 말하겠다. 너에게 물을 터이니 대답하여라" 하셨습니다. 당신에 대하여 귀로만 들어왔던 이 몸, 이제는 제 눈이 당신을 뵈었습니다. 그래서 저 자신을 부끄럽게 여기며 먼지와 잿더미에 앉아 참회합니다. 욥 42,2-6

욥은 하느님께 겸손한 마음으로 공손하게 대답합니다. 하느님께서 그에게 진정한 가르침을 주셨습니다. 욥은 주님 앞에서 자기가 했던 말을 부끄러워합니다. 욥의 마음 안에서 진정한 회심이 이루어지고 있습니다. 그런데 이는 욥이 죄를 지었기 때문이 아닙니다. 친구들은 욥에게 '자네가 모르는 죄가 있을 것이니 회개해야 한다'고 충고했습니다. 그런데 욥이 한 회개는 없는 죄를 만들어 내서 회개한 것이 아닙니다. 욥은 친구들의 충고 때문이 아니라, 하느님을 만남으로써 겸손해졌습니다. 자비로우신 하느님과의 대면, 그 인격적인 만남을 통해 그분 앞에 깊이 머리를 숙이게 되었습니다.

엘리파즈와 다른 두 친구, 빌닷과 초파르는 하느님의 책망을 받았습니다. 그들은 욥을 제대로 도와주지 못했습니다. 왜 그러했습니까? 엘리파즈는 철학자, 빌닷은 신학자, 초파르는 종교인을 대표한다고 보는 신학적 견해도 있습니다. 그런데 하느님은 철학자의 하느님, 신학자의 하느님, 종교인의 하느님이 아니라 인격적인 하느님, 자비의 하느님, 위로의 하느님이십니다. 세 친구 중 누구도 욥에게 그런 하느님을 전하지 못했습니다. 살아계신 하느님께서 직접 나타나셔야 했습니다.

이제 욥기를 몇 가지로 정리해 보겠습니다.

첫째, 우리는 세상을 다 알지 못합니다. 욥은 아무것도 모르는 채, 하느님의 계획 안에 들어갔습니다. 우리 삶 안에도 하느님의 신비에 맡겨야 하는 수수께끼 같은 일, 불확실하고 애매모호한 일이 있습니다. 그런 의미에서 욥은 바로 우리 자신입니다. 곧 그는 우리와 같은 한 사람의 신앙인입니다. 이러한 일을 겪을 때, 우리는 신비를 그저 신비로 받아들여야 합니다. 그러면서 욥처럼, 어둠 속에 있을지라도 하느님이 우리의 믿음을 더욱 깊게 해주시도록 기도해야 합니다.

둘째, 우리는 하느님의 사람인 욥이 고통을 당하는 것을 보았습니다. 우리도 그렇습니다. 착하고 열심히 사는 사람들이 고통을 당합니다. 단순히 고통만을 보고 우리는 그 사람을 판단하지 말아야 합니다. 욥의 세 친구의 잘못이 그것이었습니다. 그들은 자기들의 논리에 욥이 맞닥뜨린 불행의 원인을 꿰맞추고 그에게 설교했습니다. 우리도 사목자로서, 또는 교회의 지체로서 세 친구와 같은 잘못을 저지르지 말아야 합니다. 욥의 친구인 그들은 그냥 욥의 이야기를 들어주고 묵묵히 곁에 있어야 했습니다. 우리도 늘 조심해야 합니다. 남을 쉽게 가르치려 들지 않아야 합니다.

셋째, 죄에 대해 올바르게 이해해야 합니다. 함부로 다른 이를 죄인으로 단죄하지 말아야 합니다. 우리는 그릇된 신앙 교육으로 인해 인과응보의 법칙에만 매여 있을 수 있습니다. 그 틀 안에서 모든 것을 보고 판단하는 오류를 범할 수 있습니다. 우리는 하느님께서 욥에게 인격적인 만남을 통해 어떻게 당신 자비를 드러내셨는지를 잘 눈여겨보아야 합니다.

마지막으로 가장 중요한 것은, 욥처럼 하느님과 친교를 나누며 그분과 동행하는 것입니다. 주님께서 우리와 같이 걸으면서 보여주시는 이 세상에 감탄과 경이로움을 느끼십시오. 하느님께서 지으신 아름다운 세상에서 그분의 사랑을 맛보며 소풍을 즐기십시오. 그분과 함께라면 고통이 있을지라도 진정한 행복을 누릴 수 있습니다. 누구의 삶이든지 고통은 있습니다. 왜냐고 지금 다그쳐 묻지 마십시오. 훗날 알게 될 것입니다. 또한 고통은 삶의 과정일 뿐임을 기억하십시오. 욥은 깊은 고통

속에서 하느님을 만남으로써 용기를 되찾았습니다. 우리 모두가 욥입니다. 우리가 때로 삶 한가운데서 "하느님이 어디 계시는가? 앞을 보아도 뒤를 돌아보아도 보이지 않네"라고 되뇌지만, 그분께서는 언제나 우리와 함께 계십니다. 임마누엘. 이것이 욥기가 주는 메시지의 핵심입니다.

욥기를 마무리하며 인디언들이 읊었다고 전해지는 글을 잠시 들려드리고자 합니다.

아름다움 속에서 걸으리니
나는 영원히 행복하리.
아무도 나의 행복을 앗아가지 못할 것이니
나는 내 앞에 놓인 아름다움과 함께 걸으리라.
나는 내 뒤에 놓인 아름다움과 함께 걸으리라.
나는 내 위에 있는 아름다움과 함께 걸으리라.
나는 내 아래에 있는 아름다움과 함께 걸으리라.

나는 내 주위에 펼쳐진 아름다움과 함께 걸으리라.
긴 세월이 흐른 뒤에도
나는 아름다움과 함께 생기있게 걸으리라.

그렇습니다. 우리는 하느님과 언제나 함께 걸으면서 이 아름다운 세상을 온 마음으로, 온몸으로 누려야 하겠습니다.